INVESTIMENTOS NO MERCADO FINANCEIRO

USANDO A CALCULADORA HP 12C

O GEN | Grupo Editorial Nacional – maior plataforma editorial brasileira no segmento científico, técnico e profissional – publica conteúdos nas áreas de ciências sociais aplicadas, exatas, humanas, jurídicas e da saúde, além de prover serviços direcionados à educação continuada e à preparação para concursos.

As editoras que integram o GEN, das mais respeitadas no mercado editorial, construíram catálogos inigualáveis, com obras decisivas para a formação acadêmica e o aperfeiçoamento de várias gerações de profissionais e estudantes, tendo se tornado sinônimo de qualidade e seriedade.

A missão do GEN e dos núcleos de conteúdo que o compõem é prover a melhor informação científica e distribuí-la de maneira flexível e conveniente, a preços justos, gerando benefícios e servindo a autores, docentes, livreiros, funcionários, colaboradores e acionistas.

Nosso comportamento ético incondicional e nossa responsabilidade social e ambiental são reforçados pela natureza educacional de nossa atividade e dão sustentabilidade ao crescimento contínuo e à rentabilidade do grupo.

ALEXANDRE ASSAF NETO
FABIANO GUASTI LIMA

Index ▲1

INVESTIMENTOS NO MERCADO FINANCEIRO

USANDO A CALCULADORA HP 12C

4ª EDIÇÃO

- Os autores deste livro e a editora empenharam seus melhores esforços para assegurar que as informações e os procedimentos apresentados no texto estejam em acordo com os padrões aceitos à época da publicação, *e todos os dados foram atualizados pelos autores até a data de fechamento do livro.* Entretanto, tendo em conta a evolução das ciências, as atualizações legislativas, as mudanças regulamentares governamentais e o constante fluxo de novas informações sobre os temas que constam do livro, recomendamos enfaticamente que os leitores consultem sempre outras fontes fidedignas, de modo a se certificarem de que as informações contidas no texto estão corretas e de que não houve alterações nas recomendações ou na legislação regulamentadora.

- Os autores e a editora se empenharam para citar adequadamente e dar o devido crédito a todos os detentores de direitos autorais de qualquer material utilizado neste livro, dispondo-se a possíveis acertos posteriores caso, inadvertida e involuntariamente, a identificação de algum deles tenha sido omitida.

- **Atendimento ao cliente: (11) 5080-0751 | faleconosco@grupogen.com.br**

- Direitos exclusivos para a língua portuguesa
  Copyright © 2019, 2024 (3ª impressão) by
  Editora Atlas Ltda.
  Uma editora integrante do GEN | Grupo Editorial Nacional

- Travessa do Ouvidor, 11
  Rio de Janeiro – RJ – 20040-040
  www.grupogen.com.br

- Reservados todos os direitos. É proibida a duplicação ou reprodução deste volume, no todo ou em parte, em quaisquer formas ou por quaisquer meios (eletrônico, mecânico, gravação, fotocópia, distribuição pela Internet ou outros), sem permissão, por escrito, da Editora Atlas Ltda.

- Capa: Caio Cardoso

- Imagem de capa: Daniil Peshkov | 123RF

- Editoração eletrônica: LBA Design

- Ficha catalográfica

CIP-BRASIL. CATALOGAÇÃO NA PUBLICAÇÃO.
SINDICATO NACIONAL DOS EDITORES DE LIVROS, RJ

A862i
4. ed.

Assaf Neto, Alexandre
Investimentos no mercado financeiro usando a calculadora HP 12C / Alexandre Assaf Neto, Fabiano Guasti Lima. – 4. ed. [3ª Reimp.] - São Paulo: Atlas, 2024.

ISBN 978-85-97-02205-66

1. Administração financeira. 2. HP-12C (Máquina de calcular). I. Lima, Fabiano Guasti. II. Título.

19-57671	CDD-658.15
	CDD-658.15

Meri Gleice Rodrigues de Souza – Bibliotecária CRB-7/6439

A Deus, pela graça da vida.

PREFÁCIO

O Mercado Financeiro vem assumindo importância cada vez maior na atual economia globalizada, atendendo às diferentes expectativas dos agentes econômicos. O aumento da competitividade global acelerou a necessidade dos participantes do mercado financeiro em conhecerem suas principais técnicas e métodos de avaliação, destacando o conflito risco-retorno presente nas diversas decisões financeiras.

Poucos campos do conhecimento têm apresentado tão grande evolução e aplicações práticas quanto as operações e estratégias do mercado financeiro. Para atuar nesse segmento com êxito, é fundamental desenvolver-se em habilidades analítica e decisória fundamentadas numa capacidade quantitativa de cálculo. Nessa realidade, inúmeros aplicativos de cálculo e instrumentos de decisões financeiras vêm surgindo, visando principalmente solucionar as formulações das operações do mercado.

A Calculadora HP 12C tornou-se bastante popular entre os profissionais financeiros e estudantes. Apresenta recursos de cálculo de fácil manuseio e programação avançada para solução dos diversos problemas de investimentos, avaliação de carteiras e financiamentos. Diversos e importantes programas financeiros encontram-se elaborados e disponíveis para uso na memória da Calculadora. Outros, ainda, cobrindo situações mais específicas, podem ser desenvolvidos pelos usuários para atender necessidades individuais de solução de problemas financeiros.

Este livro foi desenvolvido com o intuito principal de demonstrar os recursos e o potencial de uso da Calculadora Financeira HP 12C na solução quantitativa dos principais problemas financeiros. De forma original, ainda são apresentados os fundamentos da programação e diversas sugestões de programa desenvolvidos em linguagem própria da calculadora financeira, permitindo ao leitor aplicações práticas imediatas. A expectativa é de que o livro seja um referencial para cálculo das diversas operações realizadas no Mercado Financeiro.

O livro parte do pressuposto de que o leitor já tenha conhecimentos básicos prévios das principais operações da calculadora HP 12C. A prioridade é demonstrar o desenvolvimento de programas aplicados às principais operações do mercado financeiro. Para o leitor que necessita de uma revisão dos fundamentos de operação da calculadora, o *site* do Grupo GEN disponibiliza uma apostila de estudos desenvolvida para essa finalidade. Da mesma forma, recomenda-se o uso do "Manual do Proprietário e Guia para Solução de Problemas", que acompanha a calculadora HP 12C.

Além de estudar como os programas financeiros podem ser desenvolvidos para diferentes operações, o livro disponibiliza inúmeros programas de aplicação imediata das principais alternativas de investimentos disponíveis no mercado financeiro nacional. O livro é reflexo da experiência dos autores no uso da Calculadora Financeira HP 12C nas operações de mercado, adquirida em programas de treinamento e aplicações profissionais.

Todos os programas e procedimentos de cálculo apresentados e aplicados às várias operações financeiras estudadas no livro foram desenvolvidos pelos autores, utilizando de linguagem e recursos disponíveis na Calculadora. Desde já os autores agradecem a *Hewllet-Packard Development Company, L.P* pela cortesia na permissão do uso de fotos e símbolos.

Estrutura do Livro

O livro está dividido em 20 capítulos, dedicados às principais operações disponíveis no Mercado Financeiro nacional. Cada parte inclui uma breve revisão conceitual das operações, aplicações práticas ilustrativas e sugestões de programas financeiros através dos recursos da HP 12C. Ao final de cada capítulo, ainda, são propostos diversos exercícios referentes ao tema estudado, e apresentadas também as respectivas respostas.

O **Capítulo 1** desenvolve as funções financeiras básicas disponíveis na calculadora, demonstrando o cálculo de suas variáveis mediante a utilização dos registradores financeiros. O **Capítulo 2** trata do cálculo dos principais tipos de taxas aplicadas ao mercado financeiro. Determinadas, através dos recursos da HP 12C, taxas equivalentes, taxas efetivas, taxa nominal e situações de capitalização contínua. O **Capítulo 3** dedica-se ao estudo da taxa de juro por dia útil, conhecida por taxa *over*, na forma como é geralmente adotada no mercado financeiro nacional.

O **Capítulo 4** apresenta o estudo e cálculo de fluxos de caixa mediante o uso das funções financeiras disponíveis na calculadora. São tratados diversos fluxos de caixa, como fluxos antecipado, postecipado, prestações variáveis, prestações constantes etc. O **Capítulo 5** aborda dois importantes assuntos dos cálculos financeiros: a presença de períodos não inteiros nos fluxos de caixa (**n** fracionário) e a modalidade do período singular de juros, bastante utilizada em diversos momentos da economia brasileira.

O **Capítulo 6** desenvolve o cálculo dos coeficientes de financiamento, o qual embute o juro da operação e o prazo contratado. Através do coeficiente pode-se obter o valor da prestação que deve ser paga por unidade de capital emprestado.

O **Capítulo 7** dedica-se a desenvolver os princípios básicos de programação, propiciando ao leitor condições de desenvolver seus próprios programas aplicados a diferentes operações financeiras. Esses programas são justificados visando uma agilização de procedimentos que seriam feitos inúmeras vezes, de forma repetitiva, e utilizando o mesmo conjunto de teclas e funções.

O **Capítulo 8** descreve os principais sistemas de amortização de empréstimos e financiamentos. São tratados o sistema Price (Prestação Constante), Amortização Constante (SAC) e Amortização Crescente (SACRE).

O **Capítulo 9** efetua os cálculos de análise de investimentos através de fluxos de caixa, utilizando os recursos disponíveis na HP 12C. Além dos principais métodos de avaliação econômica, o capítulo dedica-se também a apresentar situações práticas específicas, como alterações dos fluxos de caixa introduzidos, análise gráfica e sugestão de programa para o cálculo do método do *payback* descontado.

O **Capítulo 10** trata da presença de diferentes soluções nos fluxos de caixa entendidos como não convencionais, com mais de uma inversão de sinal.

O **Capítulo 11** estuda as operações de financiamento conhecidas por Crédito Direto ao Consumidor (CDC). São apresentadas situações práticas e sugeridos programas de cálculo do custo efetivo e das prestações periódicas. As operações tratadas no capítulo incorporam algumas características do mercado financeiro nacional, como a cobrança do Imposto sobre Operações Financeiras.

O **Capítulo 12** aborda o cálculo da taxa interna de retorno modificada, alternativa sugerida ao pressuposto do método de admitir que todos os fluxos de caixa sejam reinvestidos, por toda a duração prevista do investimento, pela própria taxa de retorno calculada. O **Capítulo 13** dedica-se aos diversos tipos de títulos (bônus) de renda fixa de longo prazo, calculando sua rentabilidade e preço corrente de mercado.

O **Capítulo 14** volta-se ao cálculo de medidas estatísticas de tendência central de forma a auxiliar o analista no processo de tomada de decisões. O **Capítulo 15** dedica-se aos fundamentos estatísticos de dispersão e volatilidade aplicados à análise risco-retorno. O **Capítulo 16** trata do cálculo da regressão linear e correlação com o objetivo de encontrar uma equação matemática que melhor represente a relação entre variáveis.

O **Capítulo 17** descreve as operações de opções desenvolvendo cálculos em programas sugeridos de análise binomial, e modelo *Black & Scholes*. O **Capítulo 18** descreve as operações de mercado futuro e cálculos de contratos futuros de diversos derivativos.

O **Capítulo 19** avalia carteiras de investimentos, confrontando o retorno com o risco incorrido. No capítulo são sugeridos diversos programas para cálculo de médias financeiras de desempenho. O **Capítulo 20** estuda importantes ferramentas de análise técnica adotadas no mercado financeiro nacional, aplicadas às operações de compra e venda de ações.

Este livro tem objetivo educacional, apresentando os conceitos fundamentais, formulações e cálculos das operações financeiras do mercado. Nenhuma parte do livro pode ser entendida como uma recomendação de investimento de qualquer natureza.

Alexandre Assaf Neto
Fabiano Guasti Lima

NOTA À 4ª EDIÇÃO

A quarta edição deste livro continuou sendo motivada pela grande aceitação da obra no mercado, tanto por docentes que a utilizam como referência bibliográfica e enfoque prático em seus cursos de graduação, pós-graduação e treinamento profissional, quanto por profissionais e investidores do mercado financeiro, através da utilização dos programas desenvolvidos para operações do cotidiano do mercado.

Nesta nova edição do livro os capítulos foram revistos e atualizados, incorporando novos exercícios e aplicações práticas. Foram incluídas as novas alíquotas de impostos sobre ganhos financeiros no Brasil, assim como atualizados alguns programas de cálculo, principalmente os de operações com opções. Foi acrescentado também ao livro um estudo sobre taxa de juros contínua.

Finalmente, foi efetuada uma ampla revisão do conteúdo da obra, procurando corrigir erros de digitação e impressão. Todos os problemas encontrados foram resolvidos, e pedimos antecipadamente nossas desculpas aos leitores por eventuais erros que possam ser ainda identificados.

Alexandre Assaf Neto – alexandreassafneto@gmail.com
Fabiano Guasti Lima – fabianoguastilima@gmail.com ou fgl@usp.br

Material Suplementar

Este livro conta com os seguintes materiais suplementares:

- Comandos básicos nas calculadoras HP 12C tradicional, *Platinum* e *Prestige*.
- Programas financeiros nas calculadoras HP 12C *Platinum* e *Prestige*.
- Manual do Mestre (exclusivo para professores).

O acesso ao material suplementar é gratuito. Basta que o leitor se cadastre, faça seu *login* em nosso *site* (www.grupogen.com.br) e, após, clique em Ambiente de aprendizagem.

O acesso ao material suplementar online fica disponível até seis meses após a edição do livro ser retirada do mercado.

Caso haja alguma mudança no sistema ou dificuldade de acesso, entre em contato conosco (gendigital@grupogen.com.br).

SUMÁRIO

1 **Funções financeiras básicas, 1**
  1.1 Convenção linear, 3
  1.2 Convenção exponencial, 4
  1.3 Juros simples, 6
  1.4 Juros compostos, 7
  Exercícios propostos, 9
  Respostas dos exercícios, 10

2 **Taxas de juros, 11**
  2.1 Taxas equivalentes, 11
  2.2 Taxa efetiva, 14
  2.3 Taxa nominal, 15
  2.4 Capitalização contínua, 16
  Exercícios propostos, 18
  Respostas dos exercícios, 18

3 **Taxas por dia útil (taxa *over*), 19**
  3.1 Taxa *over* anual (a.a.o.), 21
  3.2 Cálculo da taxa civil, 22
  Exercícios propostos, 23
  Respostas dos exercícios, 24

4   **Fluxos de caixa, 25**
    Exercícios propostos, 29
    Respostas dos exercícios, 30

5   **Pagamentos e períodos fracionários, 31**
    5.1   Períodos fracionários, 31
    5.2   Período singular de juros, 34
    Exercícios propostos, 36
    Respostas dos exercícios, 37

6   **Coeficientes de financiamento, 39**
    Exercícios propostos, 44
    Respostas dos exercícios, 45

7   **Princípios básicos de programação, 47**
    7.1   Executando o programa, 50
        7.1.1   Programas nas calculadoras HP 12C *Platinum* e HP 12C *Prestige*, 51
    7.2   Memória de programação, 51
    7.3   Como funciona a memória de programação da HP 12C, 53
    7.4   Para ler um programa que esteja na HP 12C, 54
    7.5   Inserindo mais de um programa, 57
    7.6   Executando um segundo programa, 58
    7.7   Programa que fornece mais de uma resposta, 60
        7.7.1   Cálculo de desconto de cheque, 61
            7.7.1.1   Programa para cálculo de desconto de cheque, 62
            7.7.1.2   Programa para cálculo de desconto de cheque pela legislação vigente (Decreto nº 6.306/07), 64
        7.7.2   Cálculo da taxa de aplicações em bolsas de valores, 66
        7.7.3   Programa para capitalização de taxas, 69
        7.7.4   Programa de cálculo do Imposto de Renda pessoa física, 70
    Exercícios propostos, 74
    Respostas dos exercícios, 75

8 Sistemas de amortização, 77

- 8.1 Sistema de Prestação Constante, 77
- 8.2 Sistema de Amortização Constante (SAC), 79
  - 8.2.1 Amortização sem carência, 80
  - 8.2.2 Amortização com carência, 82
  - 8.2.3 Programa para cálculo da tabela SAC, 84
  - 8.2.4 Sistema de Amortização Crescente (SACRE), 86

Exercícios propostos, 89

Respostas dos exercícios, 90

9 Fluxo de caixa e análise de investimentos, 93

- 9.1 Análise de investimentos, 94
- 9.2 Valor presente líquido, 95
- 9.3 Taxa interna de retorno, 99
  - 9.3.1 Alterando as introduções de fluxos de caixa, 101
- 9.4 Outros métodos de análise, 103
  - 9.4.1 Custo equivalente anual, 104
  - 9.4.2 Análise gráfica e ponto de Fischer, 104
- 9.5 Programa de cálculo do *payback* descontado, 106

Exercícios propostos, 108

Respostas dos exercícios, 110

10 Múltiplas taxas ou taxas indeterminadas de retorno, 111

Exercícios propostos, 116

Respostas dos exercícios, 116

11 Crédito direto ao consumidor, 117

- 11.1 Financiamento bancário, 118
- 11.2 Programa para cálculo do IOF de um financiamento CDC, 121

Exercícios propostos, 128

Respostas dos exercícios, 130

12 Taxa Interna de Retorno Modificada (MIRR), 131

Exercícios propostos, 135

Respostas dos exercícios, 136

13 Obrigações de renda fixa – bônus, 137

13.1 *Yield to Maturity* (YTM), 140

13.1.1 Pressuposto do reinvestimento no cálculo da YTM, 143

13.2 *Zero coupon bond*, 144

Exercícios propostos, 145

Respostas dos exercícios, 146

14 Operações estatísticas, 147

14.1 Medidas de tendência central, 148

14.2 Média, 148

14.3 Média ponderada, 148

Exercícios propostos, 151

Respostas dos exercícios, 152

15 Medidas estatísticas de avaliação de risco, 153

15.1 Medidas de dispersão, 153

15.2 Desvio-padrão e variância, 153

15.3 Risco, retorno e volatilidade, 155

15.3.1 Risco, 156

15.3.2 Volatilidade, 157

15.4 Coeficiente de variação, 159

15.5 Análise de risco e sensibilidade de um projeto, 161

Exercícios propostos, 162

Respostas dos exercícios, 164

16 Regressão linear e correlação, 165

16.1 Regressão linear, 165

16.2 Correlação, 168

16.2.1 Aplicações da regressão linear, 171

16.3 Coeficiente de determinação, 175

16.4 Modelos não lineares, 176

Exercícios propostos, 178

Respostas dos exercícios, 181

17 Opções, 183

17.1 Modelo binomial, 185

    17.1.1 Equações do modelo binomial, 186

    17.1.2 Programa na HP 12C, 190

17.2 Modelo de Black & Scholes, 195

    17.2.1 Considerações sobre as fórmulas do modelo de Black & Scholes, 196

    17.2.2 Programa na HP 12C para modelo de Black & Scholes, 199

17.3 Pagamento de dividendos, 204

    17.3.1 Pagamento de dividendos a uma taxa y, 206

17.4 Opções sobre índices de ações, 207

17.5 Programa completo na HP 12C *Platinum* e *Prestige* para o modelo de Black & Scholes, 208

Exercícios propostos, 214

Respostas dos exercícios, 215

18 Mercado futuro, 217

18.1 Preços no mercado futuro, 218

18.2 Contrato futuro de juros, 218

18.3 Contrato futuro do Índice Bovespa, 220

18.4 Contrato futuro da taxa de câmbio, 221

Exercícios propostos, 222

Respostas dos exercícios, 223

19 Avaliação da performance de investimentos, 225

19.1 A reta do mercado de capitais – *Capital Market Line* (CML), 225

19.2 A reta do mercado de títulos – *Security Market Line* (SML), 226

19.3 Índice de Sharpe, 226

19.4 Índice de Treynor, 226

Exercícios propostos, 229

Respostas dos exercícios, 229

20 **Análise técnica no mercado de capitais, 231**
    20.1 Médias móveis, 231
    20.2 Índice de força relativa, 235
        20.2.1 Programa para cálculo do índice de força relativa, 237
    20.3 Estocástico, 239
        20.3.1 Programa para cálculo do indicador estocástico %K, 241
        20.3.2 Programa para cálculo do indicador estocástico %D, 242
    20.4 Momento, 243
    Exercícios propostos, 245
    Respostas dos exercícios, 246

Anexos, 247

Bibliografia, 251

1

FUNÇÕES FINANCEIRAS BÁSICAS

Objetivo do capítulo

O capítulo aborda os fundamentos da formação das taxas de juros, linear e exponencial, e as formulações de cálculo utilizando-se a HP 12C. Trata também das medidas financeiras como valor futuro (montante), valor presente, fluxos periódicos de caixa, taxa de juros e prazo.

As funções financeiras básicas da HP 12C:

n	=	Tempo
I	=	Taxa
PV	=	*Present Value* (valor presente)
PMT	=	*Payment Amount Temporary* (pagamento do montante temporário)
FV	=	*Future Value* (valor futuro)

Os valores dos pagamentos, ou recebimentos, introduzidos na calculadora devem estar de acordo com a convenção de sinais estabelecida para fluxos de caixa, ou seja, sinal (+) para as entradas e sinal (−) para as saídas. Deve-se colocar sempre o sinal negativo no valor presente [PV] ou na prestação [PMT] ou no valor futuro [FV].

A Figura 1.1 mostra um diagrama do valor do dinheiro no tempo (Figura 1.1). Do futuro para o presente descapitaliza-se, ou seja, é calculado o [PV]; em caso contrário, capitaliza-se, sendo calculado o [FV]. O mesmo raciocínio é usado para um único valor ou para séries de pagamentos; quando essas séries são do mesmo valor e igualmente espaçadas no tempo, usa-se a tecla do PMT.

Figura 1.1 Diagrama do valor do dinheiro no tempo

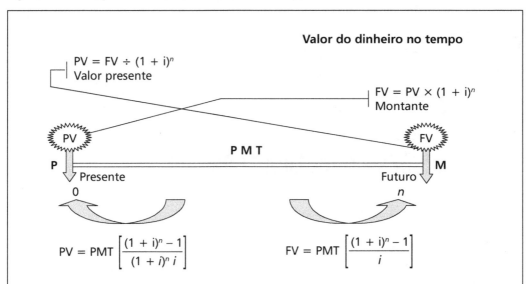

O "Manual do Proprietário e Guia para Solução de Problemas" da HP 12C demonstra os cálculos das variáveis das funções financeiras (Seção 4), utilizando registradores financeiros.

Exemplos

1. Quanto deverá receber uma pessoa que empresta $ 500,00 por 5 meses, à taxa de 3% ao mês?

Solução:

Teclas (inserção de dados)			Visor	Significado
	f	REG	0,00	limpa registradores
500	CHS	PV	– 500,00	introduz o valor do empréstimo
5	n		5,00	introduz o prazo
3	i		3,00	introduz a taxa
	FV		579,64	**valor de resgate (valor futuro)**

2. Determinar a taxa de juros correspondente a uma aplicação de $ 1.000,00, por 10 meses e valor de resgate de $ 1.280,08.

Solução:

Teclas (inserção de dados)			Visor	Significado
	f	REG	0,00	limpa registradores
1000	CHS	PV	– 1.000,00	introduz o valor da aplicação
1280,08	FV		1.280,08	introduz o valor do resgate
10	n		10,00	introduz o prazo
	i		2,50	taxa mensal de juros

1.1 Convenção linear

A convenção linear admite a formação de juros compostos apenas para a parte inteira do prazo e de formação de juros simples para a parte fracionária. Essa convenção é, em essência, uma mistura dos regimes composto e simples (linear).

Uma expressão matemática de cálculo do montante na convenção linear é a seguinte:

$$FV = PV \times (1 + i)^n \times \left(1 + i \times \frac{m}{k}\right)$$

Onde: m/k = parte fracionária do prazo
        n = parte inteira do prazo

Exemplo

1. Seja um capital de $ 10.000,00 emprestado à taxa de 15% ao ano pelo prazo de 5 anos e 10 meses. Calcular o montante deste empréstimo pela convenção linear.

Solução:

$$FV = PV \times (1 + i)^n \times \left(1 + i \times \frac{m}{k}\right)$$

$$FV = 10.000 \times (1 + 0{,}15)^5 \times \left[1 + 0{,}15 \times \left(\frac{10}{12}\right)\right]$$

$$FV = 10.000 \times (2{,}011357) \times (1{,}125)$$

$$FV = \$\ 22.627{,}77$$

Utilizando-se os recursos da HP 12C:

Solução:

Teclas (inserção de dados)			Visor	Significado
	f	REG	0,00	limpa registradores
10000	CHS	PV	– 10000,00	introduz o valor do empréstimo
15	i		15,00	introduz a taxa anual
5	n		5,00	introduz o prazo inteiro (5 anos)
	FV		20.113,57	montante relativo ao tempo inteiro
10	ENTER		10,00	início da parte fracionária
12	÷		0,8333333	parte fracionária
0,15	x		0,12500	multiplicação pela taxa de juros
1	+	×	22.627,77	cálculo do montante da operação

Utilizando-se das funções financeiras descritas, o cálculo do [FV] pode ser obtido da seguinte forma:

Teclas (inserção de dados)			Visor	Significado
	f	REG	0,00	Limpa registradores
	STO	EEX	0,00	visa apagar o "c" no visor, dado que o cálculo é pela convenção linear*
10000	CHS	PV	– 10.000,00	introduz o valor do empréstimo
15	i		15,00	introduz a taxa anual
5	ENTER		5,00	introduz o prazo inteiro (5 anos)
10	ENTER		10,00	início da parte fracionária
12	÷ +	n	5,8333333	introduz o prazo fracionário
		FV	22.627,77	montante relativo ao tempo inteiro

* Obs.: Neste caso, se o "c" já não estiver no visor esta passagem deve ser ignorada.

1.2 Convenção exponencial

A convenção exponencial adota o regime de capitalização composta para todo o período, isto é, tanto para a parte inteira como para a parte fracionária do prazo.

Essa convenção é amplamente usada na prática, sendo considerada como a mais correta por empregar somente juros compostos e taxas equivalentes para os períodos não inteiros.

A expressão básica de cálculo é a seguinte:

$$FV = PV\,(1 + i)^{n + \frac{m}{k}}$$

Utilizando os mesmos dados do exemplo anterior, calcula-se o montante:

$FV = 10.000(1 + 0{,}15)^{5+10/12}$

$FV = 10.000(1{,}15)^{5{,}8333333}$

$FV = \$\ 22.598{,}04$

O *flag* c (de *Compound interest*, ou juros compostos), que aparece no visor quando se digita STO EEX, avisa à calculadora que se deseja calcular o montante, considerando juros compostos por todo o tempo. Para isso, é importante sempre verificar se aparece na parte inferior direita do visor da HP 12C a letra "c"; não estando, deve ser pressionada a sequência de teclas: STO EEX.

Recomenda-se deixar sempre o "c" na calculadora para realizar as contas, pois não atrapalha em nada as demais operações.

Utilizando-se os recursos financeiros da HP 12C:

Teclas (inserção de dados)			Visor	Significado
	f	REG	0,00	limpa registros financeiros
10000	CHS	PV	– 10.000,00	introduz o valor do empréstimo
15	i		15,00	introduz a taxa anual
10	ENTER		10,00	início da parte fracionária
12	÷		0,83333333	parte fracionária
5	+	n	5,83333333	introduz o prazo inteiro e fracionário
Obs.: Verifique se já não está o *flag* "c" na parte inferior da HP 12C. Caso esteja, ignore esta passagem				
	STO	EEX	5,83333333	no visor aparecerá o "c"
	FV	FV	22.598,04	**montante composto**

Importante!

Para que a calculadora HP 12C faça o cálculo desejado, é necessário que no visor, embaixo e à direita, esteja aparecendo a letra "c". Para introduzir, basta pressionar as teclas: STO EEX.

Para retirar essa instrução, basta pressionar as mesmas teclas.

A letra "c" é importante somente para operações com prazos fracionários. Os cálculos feitos com a letra "c" no visor obedecem integralmente ao regime de juros compostos.

Ao eliminar o "c" do visor, a calculadora adota uma convenção de cálculo mista, sendo os juros capitalizados no regime composto (exponencial) pela parte inteira do prazo, e no regime linear (juros simples) pela parte fracionária.

1.3 Juros simples

A HP 12C calcula juros simples apenas quando são informados o valor do principal PV, a taxa anual de juros (com base no ano de 360 dias) e o prazo em dias, fornecendo apenas os juros da aplicação, já que *interest* i (INT) indica juros.

Exemplos

1. Calcular o valor dos juros e do montante de um capital de $ 200,00 aplicado a uma taxa de 10% ao ano, por 100 dias, considerando o regime de capitalização simples.

Solução:

Teclas (inserção de dados)			Visor	Significado
	f	REG	0,00	limpa registros financeiros
200	CHS	PV	– 200,00	introduz o valor do principal
10	i		10,00	introduz a taxa anual de juros
100	n		100,00	introduz o prazo
	f	INT	5,56	valor dos juros
	+		205,56	valor do montante

2. Um empréstimo de $ 15.000,00 é concedido pelo prazo de 70 dias à taxa de juros de 18% ao ano. Pede-se calcular o valor dos juros acumulados e o montante a ser pago ao final do prazo.

Solução:

As teclas [f] [i] (INT) calculam os juros acumulados considerando o ano de 360 dias (ano comercial). Para o ano de 365 dias, pressione [R↓] [x≷y].

Teclas (inserção de dados)			Visor	Significado
	f	REG	0,00	limpa registros financeiros
15000	CHS	PV	– 15.000,00	introduz o valor do principal
18	i		18,00	introduz a taxa anual de juros
70	n		70,00	introduz o prazo
	f	INT	525,00	valor dos juros
	+		15.525,00	**valor do montante**

Ao considerar um ano de 365 dias:

Teclas (inserção de dados)			Visor	Significado
	f	INT	525,00	valor dos juros
	R↓		15.000,00	recupera o valor principal
	X<>Y		517,81	calcula o valor dos juros para um ano de 365 dias
	+		15.517,81	valor do montante para um ano de 365 dias

1.4 Juros compostos

A HP 12C calcula pelo regime de juros compostos tanto o montante [FV], calculado como pagamento único ao término de determinado período de tempo [n] a uma taxa de juro [i], como os pagamentos periódicos [PMT] efetuados dentro do período de tempo, podendo ser feitos com entrada ou sem entrada.

Exemplos

1. Uma pessoa deseja comprar uma geladeira que custa $ 1.200,00 à vista, ou em 12 parcelas (0 + 12) mensais, com taxa de juros de 3% ao mês. Calcular o valor das prestações.

Solução:

É uma compra sem entrada, não deve conter no visor o *flag* [g] [7] (BEGIN). Caso este esteja no visor, acionar [g] [8] (END).

Teclas (inserção de dados)			Visor	Significado
	f	REG	0,00	limpa registros financeiros
1200	CHS	PV	– 1.200,00	introduz o valor do bem à vista
3	i		3,00	introduz a taxa mensal de juros
12	n		12,00	introduz o número das parcelas
	PMT		120,55	valor das prestações

2. Uma pessoa deseja comprar um bem que custa $ 900,00 à vista, ou em 6 parcelas (1 + 5) mensais, com taxa de juros de 3% ao mês. Calcular o valor das prestações.

Solução:

É uma compra com entrada, deve conter no visor o *flag* 9 7 (BEGIN).

Teclas (inserção de dados)			Visor	Significado
	f	REG	0,00	limpa registros financeiros
900	CHS	PV	– 900,00	introduz o valor do bem à vista
3	i		3,00	introduz a taxa mensal de juros
6	n		6,00	introduz o número das parcelas
	g	BEGIN	6,00	aciona o *flag* que indica entrada
	PMT		161,30	Vlr. das prestações com entrada

3. Uma pessoa pode pagar por mês $ 120,00 na compra de um certo bem, que à vista é vendido por $ 700,00. Se os juros estão em 2% ao mês, qual é o número de parcelas, sem entrada, para que possa quitar a compra?

Solução:

É uma compra sem entrada, não deve conter no visor o *flag* 9 7 (BEGIN). Caso este esteja no visor, acionar 9 8 (END).

Teclas (inserção de dados)			Visor	Significado
	f	REG	0,00	limpa registros financeiros
700	CHS	PV	– 700,00	introduz o valor do bem à vista
2	i		2,00	introduz a taxa mensal de juros
120	PMT		120,00	introduz vlr. a ser pago por mês
	n		7,00	número de parcelas necessárias

4. Uma loja propõe vender um determinado item a $ 300,00 à vista, ou em 4 parcelas sem entrada de $ 79,75. Qual é a taxa de juros cobrada pela loja na venda a prazo?

Solução:

É uma compra sem entrada, não deve conter no visor o *flag* g 7 (BEGIN). Caso este esteja no visor, acionar g 8 (END).

Teclas (inserção de dados)			Visor	Significado
	f	REG	0,00	limpa registradores
300	CHS	PV	– 300,00	introduz o valor do bem à vista
4	n		4,00	introduz o número de parcelas
79.75	PMT		79,75	introduz o valor das parcelas
	i		2,50	taxa mensal de juros

5. Depositando mensalmente em uma caderneta de poupança $ 250,00, durante dois anos, qual será o montante acumulado se a poupança remunera a uma taxa mensal de 0,95%?

Solução:

Teclas (inserção de dados)			Visor	Significado
	f	REG	0,00	limpa registradores
250	CHS	PMT	– 250,00	introduz o valor dos depósitos mensais
24	n		24,00	introduz o número de depósitos
0.95	i		0,95	introduz a taxa de juros
	FV		6.703,53	montante acumulado

Exercícios propostos

1. Se uma pessoa deseja obter $ 500,00 dentro de um ano, quanto deverá depositar hoje numa caderneta de poupança que rende 0,7% de juros compostos ao mês?

2. Qual é o valor de resgate de uma aplicação de $ 1.200,00 em um título pelo prazo de 8 meses à taxa de juros composta de 3,5% a.m.?

3. Determinar a taxa mensal composta de juros de uma aplicação de $ 400,00 que produz um montante de $ 468,20 ao final de um quadrimestre.

4. Uma aplicação de $ 200,00 efetuada em certa data produz, à taxa composta de juros de 8% ao mês, um montante de $ 370,19 em certa data futura. Calcular o prazo da operação.

5. Determinar o juro pago de um empréstimo de $ 800,00 pelo prazo de 5 meses à taxa composta de 4,5% ao mês.

6. Para uma taxa de juros de 7% ao mês, qual das duas alternativas de pagamento apresenta menor custo para o devedor:
    a) pagamento integral de $ 140,00 à vista (na data zero).
    b) $ 30,00 de entrada, $ 40,00 em 60 dias e $ 104,37 em 120 dias.

7. Um banco lança um título pagando 6% ao trimestre. Se uma pessoa necessitar de $ 5.800,00 daqui a 3 anos, quanto deverá aplicar neste título?

8. Determinado bem é vendido em 7 pagamentos mensais, iguais e consecutivos de $ 4.000,00. Para uma taxa de juros de 2,6% ao mês, até que preço compensa adquirir o bem à vista?

9. Uma pessoa irá necessitar de $ 22.000,00 daqui a um ano para realizar uma viagem. Para tanto, está sendo feita uma economia mensal de $ 1.250,00, a qual é depositada numa conta de poupança que remunera os depósitos a uma taxa de juros compostos de 1% ao mês. Determinar se essa pessoa terá acumulado o montante necessário ao final de um ano para fazer a viagem.

10. Um terreno é vendido por $ 20.000,00 à vista, ou por 40% de entrada e o restante em 12 prestações mensais. Para uma taxa de juros de 2,5% ao mês, determinar o valor de cada parcela mensal.

11. Uma pessoa aplicou $ 10.000,00 em um banco, resgatando após 10 meses o total líquido de $ 10.722,47. Calcular a taxa efetiva mensal de juros da operação.

Respostas dos exercícios

1) $ 459,85
2) $ 1.580,17
3) $ 4,014% a.m.
4) 8 meses
5) 196,95
6) Proposta A; na Proposta B, o pagamento é maior, $ 144,56
7) $ 2.882,42
8) $ 25.301,17
9) $ 15.853,13
10) $ 1.169,85
11) 0,70% a.m.

2
TAXAS DE JUROS

Objetivo do capítulo

O capítulo trata do cálculo dos diversos tipos de taxas de juros através dos recursos da calculadora HP 12C. O manuseio destas taxas é fundamental para as operações praticadas no mercado financeiro.

2.1 Taxas equivalentes

Duas taxas de juros são ditas equivalentes se, aplicadas sobre um mesmo capital, em certo período de tempo, produzem o mesmo montante. Por exemplo, 1% ao mês e 12,6825% ao ano são equivalentes, pois:

$FV = 1.000 \times (1 + 0,01)^{12} = 1.126,83$
$FV = 1.000 \times (1 + 0,126825)^{1} = 1.126,83$

Um quadro comparativo das taxas pode ser visto abaixo:

$$(1 + i_{aa}) = (1 + i_{at})^4 = (1 + i_{aq})^3 = (1 + i_{am})^{12} = (1 + i_{ad})^{360}$$

aa: ao ano; *at*: ao trimestre; *aq*: ao quadrimestre;
am: ao mês; *ad*: ao dia

ou através da fórmula:

$$i_e = \sqrt[q]{1 + \frac{1}{100}} - 1 = \left(1 + \frac{i}{100}\right)^{\frac{1}{q}} - 1$$

onde q é o prazo de capitalização.

Tal expressão é válida de acordo com a regra da potência de expoente racional: $\sqrt[n]{a^m} = a^{\frac{m}{n}}$, $n \neq 0$, o que poderia generalizar a fórmula quando, dada uma taxa de juros para um determinado prazo de aplicação, tem-se:

$$i = \left(1 + \frac{i}{100}\right)^{\frac{\text{prazo que eu quero}}{\text{prazo que eu tenho}}} - 1$$

Vale lembrar que os prazos, tanto o **prazo que eu tenho** como o **prazo que quero**, devem estar **sempre** na **mesma unidade de tempo**.

Exemplos

1. Qual é a taxa equivalente composta mensal de 77,1561% ao semestre?

$i_6 = \sqrt[6]{1 + 0,771561} - 1$
$i_6 = (1,771561)^{\frac{1}{6}} - 1$
$i_6 = 1,10 - 1$
$i_6 = 0,10 = 10\%$ a.m.

Na HP 12C, tem-se:

Teclas (inserção de dados)			Visor	Significado
77.1561	ENTER		77,1561	introduz a taxa de juros
100	÷		0,771561	taxa dividida por 100
1	+		1,771561	soma-se 1 à taxa de juros na fórmula
6	1/X		0,16667	introduz o expoente 1/6
	y^x		1,10	resultado da raiz 6ª de 1,771561
1	−		0,10	subtrai-se 1, que é da fórmula
100	×		10,00	taxa equivalente de 10% ao mês

2. A taxa anual de um CDB prefixado é de 11% ao ano. Qual seria a taxa equivalente para uma aplicação de 32 dias?

Solução:

Veja, o **prazo que eu quero** é 32 dias e o **prazo que quero possuir** é 1 ano, que deve ser convertido para 360 dias para igualar com o prazo desejado que é menor, ou seja:

$$i = \left(1 + \frac{11}{100}\right)^{\frac{32}{360}} - 1$$

Na HP 12C, ficaria:

Teclas (inserção de dados)			Visor	Significado
11	ENTER		11,00	introduz a taxa ao semestre
100	÷		0,11	taxa dividida por 100
1	+		1,11	soma-se 1 à taxa de juros na fórmula
32	ENTER		32	introduz o prazo que quero
360	÷		0,088889	divisão pelo prazo que tenho
	y^x		1,009320	resultado de $(1,11)^{0,088889}$
1	−		0,009320	subtrai-se 1, que é da fórmula
100	×		0,932	**taxa de juros para 32 dias**

3. A taxa mensal efetiva de operações de capital de giro é de 3,5% ao mês. Qual é a taxa equivalente para uma operação de 45 dias?

Solução:

$$i = \left(1 + \frac{3,5}{100}\right)^{\frac{45}{30}} - 1$$

Na HP 12C, ficaria:

Teclas (inserção de dados)			Visor	Significado
3.5	ENTER		3,5	introduz a taxa de juros
100	÷		0,035	taxa dividida por 100
1	+		1,035	soma-se 1 à taxa de juros na fórmula
45	ENTER		45,00	introduz o prazo que quero
30	÷		1,50	divisão pelo prazo que tenho
	y^x		1,052957	resultado de $(1{,}035)^{1,5}$
1	−		0,052957	subtrai-se 1, que é da fórmula
100	×		5,30	**taxa de juros para 45 dias**

2.2 Taxa efetiva

A *taxa efetiva* de juros é a taxa obtida para todo o período n de um investimento, sendo formada exponencialmente através dos períodos de capitalização. Ou seja, taxa efetiva é o processo de formação dos juros pelo regime de juros compostos. É obtida pela expressão:

$$i_f = (1 + i)^q - 1$$

onde: q = representa o número de períodos de capitalização dos juros e
i_f = a taxa efetiva de juros

Exemplo

1. Uma taxa de juros de 2% ao mês determina um montante efetivo de juros de 26,82% ao ano, isto é:

$$i_f = (1 + 0{,}02)^{12} - 1 = 26{,}82\% \text{ ao ano}$$

Na HP 12C:

Teclas (inserção de dados)		Visor	Significado
0.02	ENTER	0,02	introduz a taxa de juros
1	+	1,02	soma-se 1 à taxa de juros na fórmula
12	y^x	1,2682	resultado de $(1,02)^{12}$
1	–	0,2682	subtrai-se 1, que é da fórmula
100	×	26,82	taxa ao ano

2.3 Taxa nominal

Uma taxa de juros é dita nominal geralmente quando o prazo de capitalização dos juros (período em que os juros são formados e incorporados [somados] ao capital) **não** é o mesmo que o prazo definido para a referida taxa de juros. A metodologia de cálculo da taxa nominal aos períodos de capitalização é feita de forma proporcional.

Por exemplo, 12% ao ano capitalizados mensalmente. Neste exemplo, os prazos **não** são iguais. O prazo de capitalização é de um *mês* e o prazo a que se refere a taxa de juros é um *ano*.

Portanto, 12% em um ano representam uma taxa de juros nominal, expressa para um período inteiro, a qual deve ser atribuída ao período de capitalização. É comum admitir-se que a capitalização ocorre por juros proporcionais simples. Logo, pode-se obter a taxa efetiva de uma taxa nominal pela seguinte expressão:

$$i_f = \left(1 + \frac{i}{q}\right)^q - 1$$

onde: i_f = taxa efetiva de juros
i = taxa nominal de juros
q = número de períodos de capitalização

Exemplo

1. Taxa nominal da operação para o período: 36% ao ano. Taxa proporcional simples: 3% ao mês (taxa definida para o período de capitalização).

   Taxa efetiva de juros: $i_f = \left(1 + \frac{0{,}36}{12}\right)^{12} - 1 = 42{,}58\%$ ao ano

Teclas (inserção de dados)		Visor	Significado
0.36	ENTER	0,36	introduz a taxa de juros unitária
12	÷	0,03	divide-se a taxa por 12 (taxa proporcional mensal)
1	+	1,03	soma-se 1 à taxa de juros na fórmula
12	y^x	1,425761	resultado de $(1,03)^{12}$
1	−	0,425761	subtrai-se 1, que é da fórmula
100	×	42,58	**taxa efetiva ao ano**

2.4 Capitalização contínua

Na capitalização contínua, considera-se o acúmulo efetivo da taxa de juros, com prazos estritamente instantâneos, como se a taxa fosse infinitamente capitalizada, ou continuamente capitalizada.

Considere como exemplo uma taxa de juros de 100%. Ao se tomar um período de capitalização, teria-se:

$$1 \text{ capitalização de } 100\% \Rightarrow \frac{100\%}{1} = 100\%$$

$$i = \left(1 + \frac{100}{100}\right)^1 = 200\% = 2,000$$

Tomando 2 capitalizações:

$$\frac{100\%}{2} = 50\% \Rightarrow i = \left(1 + \frac{50}{100}\right)^2 = 225\% = 2,250$$

Tomando 3 capitalizações:

$$\frac{100\%}{3} = 33,33\% \Rightarrow i = \left(1 + \frac{33,33}{100}\right)^3 = 237,04\% = 2,3704$$

Se tivermos 12 capitalizações:

$$\frac{100\%}{12} = 8,33\% \Rightarrow i = \left(1 + \frac{8,333}{100}\right)^{12} = 261,30\% = 2,6130$$

Para 365 capitalizações:

$$\frac{100\%}{365} = 0{,}27397\% \Rightarrow i = \left(1 + \frac{0{,}27397}{100}\right)^{365} = 271{,}46\% = 2{,}7146$$

Dessa forma, seguindo-se o processo de capitalização de forma contínua, tem-se, no limite do prazo de capitalização:

$$\lim_{n \to \infty} \left(1 + \frac{1}{n}\right)^n = 2{,}718281\ldots = e$$

O limite da contínua capitalização é o número irracional 2,718281828459..., denominado "e", chamado número de Napier ou neperiano, em homenagem a John Napier, seu descobridor.

A calculadora HP 12C dispõe de uma tecla para esse cálculo: $\boxed{e^x}$. Essa forma de capitalização é usada em operações no mercado de derivativos, usando a taxa contínua que, em outras palavras, seria a taxa de juros capitalizada diariamente.

Dada uma taxa efetiva de 10% a.a., a sua correspondente taxa de capitalização contínua é:

$i_c = \ln(1 + i_e)$
$i_c = \ln(1 + 0{,}10)$
$i_c = \ln(1{,}10)$
$i_c = 0{,}0953 = 9{,}53\%$ a.a.

Solução na HP 12C:

Teclas (inserção de dados)		Visor	Significado
1.10	g LN	0,0953	9,53% a.a.

Para obter a taxa efetiva, bastaria fazer a operação inversa:

$i_c = \ln(1 + i_e)$
$0{,}0953 = \ln(1 + i_e)$
$e^{0{,}953} = 1 + i$
$i = e^{0{,}0953} - 1$
$i = 1{,}10 - 1$
$i = 0{,}10 = 10\%$

Exercícios propostos

1. A caderneta de poupança paga 0,5% ao mês de juros reais, e deseja-se saber qual é a rentabilidade real anual. Ou seja, qual é a taxa equivalente anual?
2. A taxa mensal de operações de capital de giro é de 3,5% a.m. Qual seria a taxa equivalente para uma operação de 20 dias?
3. Calcular qual foi o rendimento acumulado durante o 1º trimestre de 2006, de fundo de investimento, considerando as seguintes taxas mensais: janeiro = 1,108%; fevereiro = 0,844%; e março = 0,79%.
4. Para uma taxa efetiva de 18% ao ano, qual é a respectiva taxa nominal anual com capitalização mensal?
5. Quais são as taxas de juros compostos mensal e trimestral equivalentes a 25% ao ano?
6. Calcular a taxa equivalente composta mensalmente das seguintes taxas:
   a) 3,2% para 25 dias.
   b) 4,1% para 38 dias.
7. Sendo a taxa corrente de juros de 10% a.q. (ao quadrimestre), quanto deve ser aplicado hoje para se resgatarem $ 35.000,00 daqui a 28 meses?
8. Calcular a taxa mensal de juros de uma aplicação de $ 60.000,00 que produz um montante de $ 80.013,23 ao final de 9 meses.
9. Para uma taxa de juros de 3,5% ao quadrimestre, calcular a taxa efetiva anual.
10. Para uma taxa de juros de 5% ao mês, qual seria a correspondente taxa contínua?
11. Se a taxa contínua é de 2,956% ao mês, qual seria a taxa efetiva?

Respostas dos exercícios

1) 6,17% a.a.
2) 2,32% p/20 dias
3) 2,77% a.t.
4) 16,67% a.a.
5) 1,88% a.m.; 5,74% a.t.
6) A) 3,85% a.m.; B) 3,22% a.m.
7) $ 17.960,53
8) 3,25% a.m.
9) 10,87% a.a.
10) 4,879% a.m.
11) 3,0% a.m.

3

TAXAS POR DIA ÚTIL (TAXA *OVER*)

Objetivo do capítulo

O capítulo dedica-se ao estudo da taxa *over* de juros, medida de ampla aplicação no mercado financeiro brasileiro. Diversas taxas de juros que servem de referência à economia são expressas em taxa *over*.

É uma taxa de juros nominal, isto é, juros simples, com capitalização diária, porém válida somente para os dias úteis (dias de funcionamento do mercado financeiro). Essa taxa costuma ser expressa ao mês, obtida pela simples multiplicação da taxa ao dia por 30, sendo aplicada geralmente para operações de curto prazo.

Suponha uma taxa *over* de 2,7% ao mês, sendo que existem 20 dias úteis no período.

Logo, a taxa de juros a ser considerada em cada dia útil é a proporcional:

$$\frac{0,027}{30} = 0,0009 = (0,09\%)$$

Sendo definidos 20 dias úteis, a taxa efetiva apurada com capitalização composta é:

$$i_f = (1 + 0,0009)^{20} - 1 = 1,82\% \text{ a.m.}$$

De uma forma mais geral, para se encontrar a taxa efetiva com base em uma taxa *over* mensal, tem-se:

$$i_f = \left[\left(1 + \frac{\text{taxa \textit{over}}}{30}\right)^{\text{dias úteis}}\right] - 1$$

De maneira contrária, para encontrar a taxa *over* a partir de uma taxa efetiva, ambas com referenciais mensais, tem-se:

$$over = \left[(1 + \text{taxa efetiva})^{\frac{1}{\text{dias úteis}}} - 1\right] \times 30$$

Exemplos

1. Uma taxa *over* está definida em 2,5% ao mês. Sabendo que no mês considerado existem 23 dias úteis, calcular a taxa efetiva.

Solução:

$$i_f = \left[\left(1 + \frac{0,025}{30}\right)^{23}\right] - 1$$

$$i_f = 0,0193 \ (1,93\%)$$

Na HP 12C:

Teclas (inserção de dados)			Visor	Significado
0.025	ENTER		0,025	introduz a taxa de juros
30	÷		0,000833	divide-se a taxa por 30
1	+		1,000833	soma-se 1 à taxa de juros na fórmula
23	y^x		1,019343	resultado de $(1,000833)^{23}$
1	–		0,019343	resultado da subtração de 1 na fórmula
100	×		1,93	**taxa efetiva do mês**

2. Para uma taxa efetiva de 1,8% ao mês, determinar a taxa *over*, sabendo que no período existem 21 dias úteis.

Solução:

$$over = \left[(1 + 0,018)^{\frac{1}{21}} - 1\right] \times 30 = 0,0255 \ (2,55\% \text{ a.m.o.})$$

Na HP 12C:

Teclas (inserção de dados)		Visor	Significado
0.018	ENTER	0,018	introduz a taxa de juros
1	+	1,018	soma-se 1 à taxa de juros na fórmula
21	1/X	0,047619	resultado de 1/21
	y^x	1,000849	resultado $(0,018)^{1/21}$
1	−	0,000849	resultado da subtração de 1 na fórmula
30	×	0,0254964	resultado da multiplicação por 30
100	×	2,55	taxa *over* ao mês

3.1 Taxa *over* anual (a.a.o.)

As taxas de juros over estudadas no item anterior estão referenciadas ao padrão mês. A partir de 1998, no entanto, o mercado passou a operar com taxas *over* anuais, determinadas com base em 252 dias úteis (du), quando o BACEN – Banco Central do Brasil –, passou a privilegiar o tratamento dessas taxas em bases anuais, com objetivo de difundir uma visão de longo prazo do mercado financeiro.

Exemplos

1. Sendo de 18,8% ao ano a taxa efetiva de um título, pede-se determinar a taxa de juros ao mês para um mês de 22 du. Pela formulação apresentada, tem-se:

$$over = \left[(1 + 0,188)^{\frac{1}{252}} - 1\right] \times 30 = 0,0205 \text{ (2,05\% a.m.o.)}$$

Utilizando a HP 12C:

Teclas (inserção de dados)		Visor	Significado
0.188	ENTER	0,188	introduz a taxa anual de juros
1	+	1,188	soma-se 1 à taxa de juros na fórmula
252	1/X	0,003968	resultado de 1/252
	y^x	1,000684	resultado $(1,188)^{1/252}$
1	−	0,000684	taxa ao dia útil (0,0684% a.d.u.)
30	×	0,020516	resultado da multiplicação por 30
100	×	2,05	taxa percentual ao mês (2,05% a.m.o.)

(**a.d.u.** = ao dia útil; **a.m.o.** = ao mês *over*)

2. Sendo de 20,4% a.a. a taxa efetiva de juros, determine:
   a) taxa *over* nominal mensal
   b) taxa *over* efetiva do mês, considerando 22 dias úteis:

Solução:

a) $over = \left[(1 + 0{,}204)^{\frac{1}{252}} - 1\right] \times 30 = 0{,}0221$

taxa over nominal mensal = 2,21% a.m.o.

b) $over \text{ efetiva} = \left[\left(1 + \dfrac{0{,}0221}{30}\right)^{22} - 1\right] = 1{,}63\%$ a.m.o.

No exemplo 2, a taxa de 20,4% é denominada taxa *over* anual efetiva, equivalente a uma taxa anual efetiva transformada em dia útil, considerando 252 dias úteis no período.

Desta taxa, se obtêm a *over* nominal mensal de 2,21% a.m.o. e a *over* efetiva mensal que é calculada capitalizando-se a taxa ao dia útil pelo número de dias úteis, chegando a 1,63% a.m.o.

Os jornais costumam publicar diversas taxas de juros efetivas anuais referenciadas em taxa *over* anualizada.

3.2 Cálculo da taxa civil

As taxas divulgadas e trabalhadas no mercado financeiro são geralmente taxas comerciais, ou seja, taxa para o ano comercial (360 dias). Todavia, quando as taxas de juros utilizadas nas operações de empréstimos e financiamentos forem a taxa do período civil, que é chamada taxa civil, diferente da taxa comercial, deve ser feito um ajuste nos cálculos.

Para ilustrar, imagine um financiamento cujas prestações vencem no dia 22 de cada mês.

Ora, de 22 de janeiro a 22 de fevereiro há 31 dias, de 22 de fevereiro a 22 de março há 28 dias e assim por diante. Então, para esta situação não se pode considerar um ano comercial com meses de 30 dias.

Exemplo

Considere uma operação de financiamento com uma taxa comercial de 14% a.a (360 dias). Se o banco deseja operar com o conceito de taxa civil, calcule a correspondente taxa civil anual a ser definida pelo banco.

A formulação é a seguinte:

$$i = \left(1 + \frac{14}{100}\right)^{\frac{365}{360}} - 1$$

Na HP 12C:

Teclas (inserção de dados)			Visor	Significado
0.14	ENTER		0,140	introduz a taxa de juros unitária
1	+		1,140	soma-se 1 à taxa de juros na fórmula
365	ENTER		365,000	numerador do expoente
360	÷		1,014	resultado da divisão de 365 por 360
	y^x		1,142	resultado de $(1,14)^{1,01}$
1	−		0,142	resultado da subtração de 1 na fórmula
100	×		14,21	**taxa civil 14,21% a.a.**

Observe que a taxa civil é um pouco maior que a taxa comercial, pois corresponde a 365 dias e não 360.

Exercícios propostos

1. Um CDB prefixado de 30 dias paga uma taxa bruta de 20% ao ano. Qual é a respectiva taxa *over* mensal, supondo que haja 21 dias úteis no período considerado?

2. Se uma taxa *over* está definida, em determinada data, em 3,20% a.m., para um mês de 23 dias úteis, pede-se determinar a taxa efetiva mensal.

3. Admitindo uma taxa efetiva mensal de 5% a.m., converter em taxa *over*, sabendo que no mês existem 21 dias úteis.

4. Sendo de 2,34% a taxa *over* efetiva mensal de um investimento, calcular sua equivalente *over* anual, sabendo que existem 22 dias úteis no mês.

5. Uma aplicação financeira paga uma taxa de 15% ao ano *over*. Qual é a taxa *over* efetiva mensal, supondo que no período há 22 dias úteis?

6. A taxa efetiva de uma operação é de 2,1% a.m., e no período há 21 dias úteis. Qual é a taxa *over*?

7. Em uma operação, lida-se com uma taxa comercial de 15% ao ano, mas, no entanto, deve-se utilizar nessa operação taxa civil. Sendo assim, calcular a taxa civil correspondente.

8. Sendo uma taxa comercial de 20% ao ano, calcular a mesma taxa apresentada seguindo o conceito e a metodologia de cálculo da taxa civil.

Respostas dos exercícios

1) 2,17% a.m.o.
2) 2,48% a.m.
3) 6,98% a.m.o.
4) 30,34% a.a.
5) 1,23% a.m.o.
6) 2,97% a.m.o.
7) 15,22% a.m.
8) 20,30% a.m.

4

FLUXOS DE CAIXA

Objetivo do capítulo

O conhecimento das formulações do fluxo de caixa é essencial para análise de investimentos. Este capítulo trata do cálculo das medidas de valor presente e valor futuro com o uso das funções financeiras da HP 12C.

A calculadora HP 12C apresenta em suas funções financeiras as opções de cálculo para fluxo de caixa com prestações constantes e periódicas. A regra básica de operar a calculadora se mantém: introduzem-se inicialmente os valores dos fluxos de caixa e, por último, é pressionada a tecla com a função que se deseja calcular.

Valor Presente (PV)

$$PV = PMT \times \frac{(1+i)^n - 1}{(1+i)^n \times i} \quad \text{ou} \quad PV = PMT \times \frac{1 - (1+i)^{-n}}{i}$$

Valor Futuro (FV)

$$FV = PMT \times \frac{(1+i)^n - 1}{i}$$

Muitas vezes os fluxos de caixa consideram uma **entrada**, ou seja, a primeira prestação é paga/recebida no ato da operação, e as demais sequencialmente ao final de cada período.

Na HP 12C, o modo normal da calculadora é na posição (g 8 (END)), indicando que irá operar um fluxo de caixa padrão. Nessa posição, não aparece nenhuma indicação no visor. Para as sequências antecipadas existem as teclas (g 7 (BEG)). Quando são pressionadas essas teclas, surge no visor a palavra **BEGIN** (início), indicando que o início do fluxo de caixa está na data zero.

Exemplos

1. Uma mercadoria é vendida a prazo em 5 pagamentos mensais e iguais de $ 700,00. Sendo de 3,5% ao mês a taxa de juros, determinar o seu preço à vista admitindo que:
   a. **primeiro pagamento é efetuado no ato da compra:**

   Na HP 12C, considerando que esteja no modo **END**:

Teclas (inserção de dados)			Visor	Significado
	f	REG	0,00	limpa todos os registradores
700	CHS	PMT	– 700,00	introduz o valor da parcela
3.5	i		3,50	introduz a taxa mensal de juros
4	n		4,00	introduz o prazo
	PV		2.571,16	valor presente do fluxo
700	+		3.271,16	preço à vista

Pode-se resolver também considerando um fluxo antecipado: (verificar se o *flag* **BEGIN** não está acionado na tela, caso não esteja, pressione g 7 (BEG)).

Teclas (inserção de dados)			Visor	Significado
	f	REG	0,00	limpa todos os registradores
	g	BEG	0,00	coloca a calculadora no modo início
700	CHS	PMT	– 700,00	introduz o valor da parcela
3.5	i		3,50	introduz a taxa mensal de juros
5	n		5,00	introduz o prazo agora contando a entrada
	PV		3.271,16	preço à vista

b. **primeiro pagamento é efetuado um mês após a compra:**

Na HP 12C: verificar se o *flag* g 7 **BEGIN** não está acionado, pois agora não aparece pagamento no início.

Teclas (inserção de dados)			Visor	Significado
	f	REG	0,00	limpa todos os registradores
700	CHS	PMT	– 700,00	introduz o valor da parcela
3.5	i		3,50	introduz a taxa mensal de juros
5	n		5,00	introduz o prazo agora contando a entrada
	PV		3.160,54	preço à vista

c. o primeiro pagamento é efetuado no final do segundo mês:

Na HP 12C: Verificar se o *flag* [g] [7]**BEGIN** está acionado, caso esteja, pressione [g] [8](END).

Teclas (inserção de dados)			Visor	Significado
	f	REG	0,00	limpa todos os registradores
700	CHS	PMT	– 700,00	introduz o valor da parcela
3.5	i		3,50	introduz a taxa mensal de juros
5	n		5,00	introduz o prazo agora contando a entrada
	PV		3.160,54	valores das parcelas atualizados até a data 1

Até aqui, o que se fez foi trazer o fluxo de pagamentos para um momento imediatamente anterior ao vencimento da primeira prestação, como feito na HP 12C quando se calcula o [PV] sem entrada. Porém, como o fluxo de caixa tem uma carência de um mês (porque o primeiro pagamento ocorre no mês 2), esse valor ainda não está na data zero e sim no mês 1, equivalendo ao [FV] para um fluxo de 1 mês.

Assim, fazendo [f] [xy](FIN) (para zerar apenas os registradores financeiros, mantendo o valor calculado na tela):

Teclas (inserção de dados)			Visor	Significado
	f	FIN	3.160,54	limpa apenas os registradores financeiros
	CHS	FV	– 3.160,54	introduz como o valor futuro
3.5	i		3,50	introduz a taxa mensal de juros
1	n		1,00	introduz o prazo de 1 mês
	PV		3.053,66	preço à vista

2. Uma loja anuncia em folhetos de propaganda que uma mercadoria é vendida em 4 (1 + 3) pagamentos mensais de $ 45,80 ou em $ 160,00 à vista. Qual é a taxa de juros mensal cobrada pela loja na venda a prazo?

Solução:

É uma venda com entrada, sendo o primeiro pagamento no ato e os demais sequencialmente a cada 30 dias (1 + 3). Portanto, deve-se deixar na tela o *flag* **9 7** **BEGIN** acionado. Na HP 12C:

Teclas (inserção de dados)			Visor	Significado
	f	REG	0,00	limpa todos os registradores
	g	BEG	0,00	coloca a calculadora no modo início
160	CHS	PV	– 160,00	introduz o valor presente
45.80	PMT		45,80	introduz o valor da parcela mensal
4	n		4,00	introduz o prazo
	i		9,85	taxa mensal de juros: 9,85%

Para os cálculos de valor futuro (FV), tem-se as mesmas opções de "com entrada" ou "sem entrada". O que diferencia uma da outra é a data da ocorrência do primeiro valor (normalmente valores para acumulação de capital).

3. Uma pessoa deposita mensalmente em uma caderneta de poupança $ 200,00 desde a data de nascimento de seu filho. Se a rentabilidade média da poupança está em 0,45% a.m., qual o total acumulado ao final de 24 depósitos, sendo 23 posteriores ao nascimento?

Solução:

Como está sendo considerado que o primeiro depósito leva em consideração a data de nascimento do filho, então tem-se um fluxo de depósitos em que se considera a data inicial como sendo a data zero. Portanto, deve-se considerar um depósito de $ 200,00 como valor e 23 depósitos de $ 200,00 como PMT e **sem** o *flag* BEGIN.

Teclas (inserção de dados)			Visor	Significado
	f	REG	0,00	limpa todos os registradores
	g	END	0,00	coloca a calculadora no modo FIM
200	CHS	PV	– 200,00	introduz o valor do depósito inicial
200	CHS	PMT	– 200,00	introduz o valor dos depósitos mensais
23	n		23,00	introduz o prazo
0,45	i		0,45	introduz o valor da taxa mensal
	FV		5.056,79	saldo ao final de 24 depósitos

Exercícios propostos

1. Calcular o valor da prestação de uma mercadoria que é vendida em 30 parcelas iguais e sucessivas, cujo valor à vista é de $ 1.820,00. A taxa de juros é igual a 1,7% a.m. No cálculo das prestações, admitir que a série de pagamentos inicia-se:
   a) no momento atual (0 + 30);
   b) ao final do primeiro período (1 + 29); e
   c) daqui a dois meses, e os demais de 30 em 30 dias.

2. Uma mercadoria é negociada por $ 7.900 cobrando-se 25% de entrada e o restante em um único pagamento ao final de 3 meses. Determinar o valor desse pagamento, sendo de 1,2 % a.m. a taxa de juro do financiamento.

3. Para uma taxa de juros de 1,4% a.m., determinar o valor do fluxo de caixa abaixo: (a) momento atual e (b) momento 4.

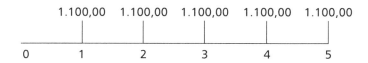

4. Calcular o Valor Presente ($t = 0$) e o restante (Valor Futuro) do fluxo de caixa abaixo. Admita uma taxa de desconto de 0,9% por período.

5. Um eletrodoméstico é vendido por $ 5.400,00 à vista, ou nas seguintes condições de pagamento:
   a) 10 prestações mensais, iguais e sucessivas, vencendo a primeira ao final do primeiro mês.
   b) 10 prestações mensais, iguais e sucessivas, vencendo a primeira 30 dias após o final do primeiro mês.
   Para uma taxa de juros de 1,5% a.m., determine o valor da prestação para cada condição de pagamento.

6. Uma mercadoria é vendida por $ 3.200,00 à vista. Para pagamento a prazo são oferecidas 6 prestações mensais e iguais, nas seguintes condições:
   a) o primeiro pagamento é efetuado no ato da compra.
   b) o primeiro pagamento é efetuado no final do primeiro mês.

Para uma taxa de juros de 2,0% a.m., pede-se determinar o valor de cada prestação (PMT) nas duas condições oferecidas.

7. Uma empresa faz um financiamento em um banco no valor de $ 50.000,00. A proposta da empresa é pagar 30% do montante da dívida daqui a 2 meses, e o saldo devedor dividido em 24 prestações mensais, iguais e consecutivas, com a primeira parcela vencendo 60 dias após o pagamento inicial de 30%. Se a taxa de juros cobrada pelo banco é de 48% a.a. (nominal) com capitalização mensal, calcule o valor dos pagamentos.

8. Uma loja anuncia a venda de uma geladeira em 12 prestações (0+12) de $ 113,31 mais uma entrada diferenciada. Se a geladeira à vista sai por $ 1.200,00 e a taxa de juros cobrada pela loja é 7% a.m., qual é o valor da entrada que deve ser dada?

9. Uma imobiliária está vendendo um terreno em um loteamento à vista por R$ 28.000,00, ou em 9 pagamentos mensais sem entrada de R$ 3.750,00. Qual é a taxa mensal de juros que está sendo cobrada pela imobiliária?

10. Uma construtora diz financiar suas vendas a juros de 3% ao mês. Sua sistemática no financiamento em 12 prestações mensais é a seguinte: 3% × 12 prestações = 36%. Se o valor a ser financiado for de $ 10.000,00, então o cliente deverá pagar: **FV = 10.000 (1 + 0,36) = 13.600**. Como o cliente irá pagar em 12 prestações, então:

$$PMT = \frac{13.600,00}{12} = 1.133,33$$

Assim, o cliente irá pagar 12 prestações mensais de $ 1.133,33, para um financiamento de $ 10.000,00. A taxa de juros é realmente de 3% ao mês?

11. Uma pessoa deve atualmente 36 prestações de R$ 1.200 cada. Tendo atualmente R$ 9.000,00 em disponibilidades, deseja liquidar tantas prestações quantas forem possíveis. Para uma taxa de juros definida em 3,5% a,m., calcular quantas prestações podem ser pagas admitindo que sejam liquidadas:
   a) as primeiras.
   b) as últimas.

Respostas dos exercícios

1) a) $ 76,65 b) $ 77,95 c) $ 79,27
2) $ 6.140,87
3) a) $ 5.276,34 b) $ 5.578,07
4) PV= $ 5.267,78
   FV = $ 5.509,14
5) a) $ 585,54 b) $ 594,33
6) a) $ 560,08 b) $ 571,28
7) $ 2.582,17
8) $ 300
9) 3,91% a.m.
10) 5,08% a.m.
11) a) 8 b) 18

5

PAGAMENTOS E PERÍODOS FRACIONÁRIOS

Objetivo do capítulo

Este capítulo utiliza a HP 12C em dois importantes cálculos financeiros:
- Financiamento cujo prazo de vencimento da primeira prestação se apresenta diferente dos demais. É conhecido por "Período Singular de Juros".
- Ajuste no cálculo do prazo (n) quando não for inteiro.

5.1 Períodos fracionários

A HP 12C, conforme foi comentado, arredonda o valor de n para o inteiro imediatamente superior quando são utilizadas suas funções financeiras. Para melhor entender essa característica da calculadora e apurar-se o valor exato, são desenvolvidos a seguir dois exemplos práticos. Cálculos de períodos fracionários são apresentados na seção 3 do "Manual do Proprietário e Guia para Solução de Problemas" da HP 12C.

Exemplos

1. Admita um financiamento de $ 50.000,00 para ser pago em prestações mensais sem entrada. A taxa de juros cobrada na operação é de 1,2% ao mês. Sabe-se que o tomador pode dispor de somente $ 800,00 por mês para amortizar sua dívida. Pede-se determinar em quantos meses conseguirá liquidar o financiamento, iniciando o pagamento em 30 dias.

Solução:

Na HP 12C, tem se:

Teclas (inserção de dados)			Visor	Significado
	f	REG	0,00	limpa todos os registradores
800	CHS	PMT	– 800,00	vlr. da prestação (pagamento mensal)
50000	PV		50.000,00	introduz o vlr. do financiamento (principal)
1.2	i		1,20	introduz a taxa mensal de juros
	n		117,00	**número de pagamentos necessários**

Considerando-se o arredondamento de **n** para o inteiro imediatamente superior, adotado na calculadora, devem-se completar os procedimentos de cálculo:

Teclas (inserção de dados)			Visor	Significado
	FV		626,15	se n fosse exatamente 117, o valor de FV deveria ser ZERO. Há, no entanto, um excedente, após os 117 pagamentos, de $ 626,15
800	CHS	+	– 173,85	**valor do pagamento fracionário**
			ou	
	PMT	+	– 173,85	

Logo, o financiamento será liquidado através de 116 pagamentos mensais de $ 800,00, e um pagamento no 117º mês de $ 173,85.

Ou, ainda, poderia trazer 116 parcelas de $ 800 a valor presente e ver a diferença que faltaria para quitar o financiamento, uma vez que 117 parcelas são mais que suficientes para quitar a dívida. Veja os cálculos:

Teclas (inserção de dados)			Visor	Significado
	f	REG	0,00	limpa todos os registros
800	CHS	PMT	– 8.000,00	valor da prestação
1.2	i		1,20	taxa mensal de juros
117	n		117,00	número de pagamentos
	PV		50.155,08	**valor presente das 117 parcelas**

Observe que o valor presente de 117 parcelas de $ 800 é de $ 50.155,08, que é maior que o valor da dívida assumida. Logo, pode-se calcular o valor presente de 116 parcelas sem limpar os registros:

Teclas (inserção de dados)			Visor	Significado
116		n	116,00	número de parcelas
	PV		49.956,94	valor presente das 116 parcelas

Logo, 116 parcelas não são suficientes para quitar o empréstimo. Faltariam ainda: 50.000,00 − 49.956,94 = $ 43,06 que poderiam ser pagos como uma pequena entrada diferenciada. Outra possibilidade seria jogar essa entrada para depois do fluxo final das 116 parcelas de $ 800,00, ou seja, para a 117ª parcela. Calculando então o valor futuro de $ 43,06, tem-se:

Teclas (inserção de dados)			Visor	Significado
	f	REG	0,00	limpa todos os registros
43.06	CHS	PV	− 43,06	valor Presente
1.2	i		1,20	taxa de juros
117	n		117,00	prazo
	FV		173,85	valor da última prestação

Dessa forma, tem-se as possibilidades de pagamento para que os fluxos de caixa sejam equivalentes, ou seja, a dívida sendo integralmente quitada. Uma, seria pagar $ 43,06 como uma pequena entrada, mais 116 parcelas de $ 800. Outra, seriam 116 parcelas de $ 800 e uma última, no 117º mês, de $ 173,85.

2. As vendas de uma empresa vêm crescendo à taxa de 5% ao ano. Mantendo-se esta tendência, calcular em quantos anos as vendas dobrarão de valor.

Solução:

Na HP 12C, tem-se:

Teclas (inserção de dados)			Visor	Significado
	f	REG	0,00	limpa todos os registradores
1	CHS	PV	1,00	valor presente
2	FV		2,00	introduz o valor futuro
5	i		5,00	introduz a taxa de crescimento anual
	n		15,00	arredondando, as vendas dobrarão de valor em 15 anos

São sugeridas duas formas de cálculo do período exato:

a. Reduzir a taxa de crescimento para a equivalente em dias (base anual de 360), ou seja: 5% ao ano equivalem a 0,0135537% ao dia. Com isso, o arredondamento de **n** reduz-se para um dia.

Teclas (inserção de dados)			Visor	Significado
0.0135537	i		0,0135537	introduz a taxa de crescimento ao dia
	n		5.115,00	5.115 dias (14,2 anos)

b. Utilizar logaritmos. Neste caso, a expressão de cálculo seria:

$$2 = 1 \times (1,05)^n$$

$$\ln 2 = \ln(1,05)^n$$

Por propriedade de logaritmos, tem-se:

$$\ln 2 = n \times \ln(1,05)$$

$$n = \frac{\ln 2}{\ln(1,05)} = 14,2 \text{ anos}$$

Pela HP 12C:

Teclas (inserção de dados)			Visor	Significado
2	g	LN	0,6931	logaritmo neperiano de 2
1.05	g	LN	0,0488	logaritmo neperiano da base 2
	÷		14,2067	

5.2 Período singular de juros

O período singular de juros será explicado quando o prazo do primeiro fluxo de caixa [PMT] for diferente dos demais prazos. Por exemplo, um financiamento pode ser pago em 10 prestações iguais, sendo a primeira vencível em 15 dias e as demais a cada 30 dias, sequencialmente.

Quando o intervalo de tempo para pagamento da primeira prestação for menor que os demais prazos do fluxo, a série de caixa será considerada antecipada, devendo previamente serem pressionadas as teclas [9] [7] (BEG).

Em caso contrário, o fluxo será considerado postecipado, pressionando-se: [9] [8] (END).

O uso da programação da HP 12C no período singular de juro é demonstrado nos exemplos ilustrativos a seguir, conforme expostos na seção 3 do "Manual do Proprietário e Guia para Soluções de Problemas".

Exemplos

1. Admita um financiamento de $ 20.000,00 a ser pago em 5 prestações mensais e iguais. A primeira prestação vence em 20 dias, e as demais a cada 30 dias. A taxa de juros é de 2% a.m. Determinar o valor das prestações.

Solução:

Com o uso da HP 12C:

Teclas (inserção de dados)			Visor	Significado
	f	REG	0,00	limpa todos os registradores
20000	CHS	PV	– 20.000,00	introduz o valor presente
2.00	i		2,00	introduz a taxa mensal de juros
20	ENTER		20,00	introduz o prazo inicial
30	÷		0,67	prazo singular
5	+	n	5,67	somando com o prazo inteiro
	g	BEG	5,67	aciona o flag da entrada da 1ª prestação
	PMT		4.215,25	valor da prestação

2. Um financiamento de $ 30.000,00 é concedido para pagamento em 7 prestações mensais e iguais de $ 4.600,00. A primeira prestação é paga em 40 dias e as demais sequencialmente a cada 30 dias. Calcular o custo efetivo desta operação de financiamento.

Solução:

Com o uso da HP 12C:

Teclas (inserção de dados)			Visor	Significado
	f	REG	0,00	limpa todos os registradores
30000	CHS	PV	– 30.000,00	introduz o valor presente
4600	PMT		4.600,00	valor das prestações
10	ENTER		10,00	introduz o prazo inicial
30	÷		0,33	prazo singular
7	+	n	7,33	somando com o prazo inteiro
	g	END	7,33	fluxo sem entrada
	i		1,66	valor da taxa de juros

Observe que o período singular é de 10 dias, pois a primeira prestação vence em 40 dias, prazo 10 dias maior que o intervalo das demais prestações (30/30 dias).

3. Uma geladeira no valor de $ 500,00 é adquirida sem entrada para pagamento em 6 parcelas mensais iguais, sendo que a primeira prestação vence 5 meses após a compra (carência de 4 meses). Sabendo-se que a taxa de juros cobrada pela loja é de 1,13% ao mês, calcular o valor das prestações.

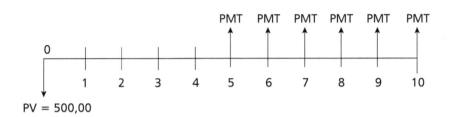

A solução implica atualizar o valor financiado até o final do 4º mês (adicionar os juros incorridos) e, em seguida, determinar o valor das prestações que amortize esse novo saldo, de acordo com o modelo-padrão, conforme é desenvolvido a seguir:

Teclas (inserção de dados)			Visor	Significado
	f	REG	0,00	limpa todos os registradores
500	PV		500,00	valor financiado
4	n		4,00	número de meses de carências
1.13	i		1,13	taxa mensal de juros
	FV		– 522,99	valor financiado adicionado dos juros incorridos até o final do 4º mês
	f	FIN	– 522,99	limpa registradores financeiros (mas não limpa o visor)
	PV		– 522,99	introduz o valor financeiro atualizado
	6	n	6,00	número de prestações
1,13	i		1,13	taxa mensal de juros
	PMT		90,64	**valor das prestações**

Exercícios propostos

1. Um comerciante está pensando em uma forma de incentivar o aumento das vendas de sua loja. Para tanto, pensa em lançar uma promoção do tipo compre hoje e só

comece a pagar daqui a três meses. Sabendo que as vendas serão financiadas em quatro parcelas iguais e que a taxa de juros em vigor no mercado é igual a 1,7% a.m., estime o valor das prestações de um bem cujo preço normal, fora da promoção, à vista é igual a $ 340,00.

2. Considere um financiamento de $ 5.000,00 para ser liquidado em parcelas mensais. A taxa de juros é de 2% a.m. e o tomador deseja pagar somente $ 400,00 por mês para quitar sua dívida. De que forma conseguirá liquidar o financiamento?

3. Considere um empréstimo de $ 6.000,00 a ser pago em 12 prestações mensais e iguais. A taxa de juros cobrada é de 3% a.m. Determinar o valor das prestações sabendo que:
   a) a primeira prestação vence em 10 dias e as demais de 30 em 30 dias;
   b) a primeira prestação vence em 40 dias e as demais de 30 em 30 dias.

4. Determinar quanto deve ser aplicado mensalmente num fundo de investimento durante 1 ano, de forma que possa efetuar, a partir do 15º mês, 3 retiradas bimestrais de $ 1.000,00 cada. Considere uma taxa de juros de 0,9% ao mês.

5. Uma pessoa deve a uma instituição 24 prestações mensais de $ 650,00 cada. Se esta pessoa tem atualmente $ 6.000,00 em dinheiro e deseja quitar tantas parcelas quantas forem possíveis, considerando uma taxa de juros de 2,5% a.m., calcular o número de prestações que poderão ser pagas e, caso ocorra, a sobra de capital existente, admitindo que os pagamentos ocorram nas primeiras prestações.

6. Uma máquina foi financiada por $ 7.000,00 e deverá ser paga em 8 prestações iguais e mensais a uma taxa de 2,5% a.m. O comprador tem duas opções para efetuar o primeiro pagamento, sendo assim calcule o valor das prestações, sabendo que:
   a) a primeira prestação vence em 15 dias e as demais de 30 em 30 dias;
   b) a primeira prestação vence em 50 dias e as demais de 30 em 30 dias.

Respostas dos exercícios

1) $ 91,68
2) 14 prestações de $ 400 e a 15ª de $ 211,98
3) a) $ 591,01 b) $ 608,74
4) $ 277,47
5) 10 prestações; sobra de $ 311,16
6) a) $ 964,22 b) $ 992,48

COEFICIENTES DE FINANCIAMENTO

Objetivo do capítulo

O coeficiente de financiamento é um fator que, aplicado ao capital emprestado, fornece o valor de cada prestação a ser paga.

Este capítulo demonstra, através dos recursos da HP 12C, o cálculo do coeficiente de financiamento, e também o custo efetivo embutido em seu valor.

Muitas vezes, ao negociar uma operação de financiamento, a pessoa que conduz a negociação faz uma conta um tanto "estranha". Ela toma o valor a ser financiado e multiplica por um número "grande", e o resultado dessa operação é o valor das prestações a serem pagas durante o financiamento.

Esse número "grande" é conhecido por **coeficiente de financiamento**. Por trás desse número estão um prazo e uma taxa de juros estipulada para a operação.

O coeficiente de financiamento indica o valor da prestação que deve ser paga por cada unidade monetária que está sendo tomada emprestada. Assim, para obter-se um coeficiente de financiamento, tem-se a seguinte expressão de cálculo da prestação:

$$PV = PMT \times \frac{1-(1+i)^{-n}}{i}$$

Isolando o PMT (prestação), tem-se:

$$PMT = \frac{PV}{\frac{1-(1+i)^{-n}}{i}}$$

Assim:

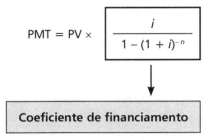

Exemplos

1. Calcular o coeficiente de financiamento para cada unidade de capital emprestado, considerando um fluxo de pagamentos de 24 prestações mensais sem entrada e uma taxa de juros de 2,5% ao mês:

Teclas (inserção de dados)			Visor	Significado
	f	REG	0,00	limpa todos os registradores
1	CHS	PV	1,00	introduz o valor unitário de capital
2.5	i		2,50	introduz a taxa de juros mensal
24	n		24,00	introduz o prazo desejado
				trabalhando aqui com seis casas depois da vírgula
	f	6	24,000000	introduz 6 casas depois da vírgula
	PMT		0,055913	**coeficiente de financiamento para 24 prestações mensais a 2,5 % de juros ao mês, sem entrada.**

Para se calcular o valor de cada prestação, basta multiplicar o financiamento solicitado por esse fator. Assim, um financiamento de $ 80.000,00 envolve o pagamento de 24 prestações mensais, iguais e sucessivas de:

PMT = $ 80.000,00 × 0,055913
PMT = $ 4.473,04

Ao se desejar calcular como ficaria o valor da prestação com entrada, não é necessário zerar a calculadora. O procedimento é o seguinte:

Teclas (inserção de dados)			Visor	Significado
	g	BEG	0,055913 BEGIN	coloca a calculadora no modo início
	PMT		0,054549	coeficiente de financiamento para 24 prestações mensais a 2,5% de juros ao mês, COM entrada.

Também pode ser feito o processo inverso: dados um coeficiente de financiamento e seu prazo, descobrir qual é a taxa de juros que está trabalhando.

2. Seja **0,060434** um coeficiente para 36 meses sem entrada; qual é a taxa de juros cobrada?

Solução:

Na HP 12C:

Teclas (inserção de dados)			Visor	Significado
	f	REG	0,00	limpa todos os registradores
1	CHS	PV	− 1,00	introduz o valor unitário de capital
0.060434	PMT		0,060434	introduz o coeficiente de financiamento
36	n		36,00	introduz o prazo do financiamento
	i		5,00	**5,0% ao mês a taxa de juros cobrada**

3. Uma empresa está avaliando o custo de determinado financiamento. Para tanto, identificou as seguintes condições em dois bancos:

   a. Coeficiente de 0,109153 para pagamento em 10 prestações mensais, iguais e consecutivas:
   b. Coeficiente de 0,307932 para pagamento em 4 prestações trimestrais, iguais e consecutivas:

   Determinar a proposta que apresenta o menor custo mensal.

Solução:

Na HP 12C:

Proposta A

Teclas (inserção de dados)			Visor	Significado
	f	REG	0,00	limpa todos os registradores
1	CHS	PV	– 1,00	introduz o valor unitário de capital
0.109153	PMT		0,109153	introduz o coeficiente de financiamento
10	n		10,00	introduz o prazo do financiamento
	i		1,62	1,62% ao mês a taxa de juros cobrada

Proposta B

Teclas (inserção de dados)			Visor	Significado
	f	REG	0,00	limpa todos os registradores
1	CHS	PV	– 1,00	introduz o valor unitário de capital
0.307932	PMT		0,307932	introduz o coeficiente de financiamento
4	n		4,00	introduz o prazo do financiamento
	i		8,89	8,89% trimestralmente a taxa de juros cobrada
100	÷		0,0889	taxa trimestral dividida por 100
1	+		1,0889	soma-se 1 à taxa de juros na fórmula
3	1/X		0,3333	resultado de 1/3
	y^x		1,0288	resultado de $(1,0889)^{1/3}$
1	–		0,0288	subtrai-se 1 da fórmula da taxa
100	×		2,88	2,88% a taxa mensal de juros cobrada

Dessa forma, a proposta A apresenta o menor custo mensal.

4. Calcular um coeficiente de financiamento para 3 prestações que ocorrem nos meses 2, 5 e 7 a juros mensais de 3%.

Solução:

Verifica-se que os pagamentos ocorrem em períodos distintos no tempo. Logo, não se pode aplicar aqui a tecla PMT, uma vez que ela subentende pagamentos iguais e em períodos igualmente espaçados no tempo.

Deve-se considerar aqui um fluxo de caixa onde, em substituição ao valor de cada pagamento, é introduzido o valor de R$ 1,00, por se tratar de coeficiente de financiamento.

O cálculo seria:

$$CF = \dfrac{1}{\dfrac{1}{(1+0{,}03)^2} + \dfrac{1}{(1+0{,}03)^5} + \dfrac{1}{(1+0{,}03)^7}}$$

$$CF = \dfrac{1}{0{,}942596 + 0{,}862609 + 0{,}813092}$$

$$CF = \dfrac{1}{2{,}618296} = 0{,}381928$$

Na HP 12C:

Teclas (inserção de dados)			Visor	Significado
	f	REG	0,00	limpa todos os registradores
1	CHS	FV	−1,00	introduz o valor unitário de capital
3	i		3,00	introduz a taxa mensal de juros
2	n		2,00	introduz o prazo da prestação
	PV		0,942596	PV da prestação do mês 2
5	n		5,00	introduz o prazo da prestação
	PV		0,862609	PV da prestação do mês 5
	+		1,805205	valor acumulado dos PVs dos meses 2 e 5
7	n		7,00	introduz o prazo da prestação
	PV		0,813092	PV da prestação do mês 7
	+		2,618296	valor acumulado dos PVs dos meses 2 e 5
	1/X		0,381928	CF para as 3 prestações

Exercícios propostos

1. Construir os coeficientes de financiamento mensais uniformes a partir das seguintes taxas de juros e prazos:
   a) 2,5% ao mês em 10 meses.
   b) 2,0% ao mês em 12 meses.
   c) 1,0% ao mês em 20 meses.

2. A partir dos coeficientes de financiamento para séries mensais, iguais e consecutivas, determinar o custo efetivo considerado em cada coeficiente:
   a) 0,183879 em 6 meses.
   b) 0,059047 em 24 meses.
   c) 0,039981 em 36 meses.

3. Calcular o coeficiente de financiamento para pagamentos iguais com uma taxa de juros de 3% ao mês nas seguintes condições:
   a) 6 prestações consecutivas sem entrada.
   b) 5 pagamentos previstos para serem efetuados ao final dos meses 1, 5, 7, 13 e 20.

4. Uma empresa deseja montar uma tabela de coeficientes de financiamento para seus vendedores. A taxa que a empresa cobra é de 5,5% a.m. e vende com planos de 12 meses com e sem entrada. Pede-se:
   a) calcular o coeficiente de financiamento sem entrada.
   b) calcular o coeficiente de financiamento com entrada.
   c) calcular um coeficiente de financiamento se a entrada for para 40 dias e as demais prestações de 30 em 30 dias.

5. Considere um financiamento para pagamento em 12 prestações mensais, sendo a primeira vencível em 20 dias e as demais de 30 em 30 dias. Os juros cobrados na operação atingem 5% a.m. Determinar o coeficiente de financiamento.

6. Calcular um coeficiente de financiamento para 4 prestações iguais, vencendo a primeira em 2 meses, a segunda em 6 meses, a terceira em 8 meses e a quarta em 11 meses, com uma taxa de juros de 2,4% a.m.

7. Um financiamento de $ 50.000,00 deverá ser pago em três prestações iguais, vencendo a primeira ao final do primeiro mês, a segunda ao final do quarto mês e a terceira ao final do nono mês. Sendo assim, construir o coeficiente de financiamento dessa operação sabendo que a taxa a ser empregada é de 3% a.m. e calcule o valor de cada prestação.

8. Uma pessoa está financiando $ 30.000,00, a serem pagos em 12 prestações mensais e iguais. Admitindo uma taxa de juros de 2,5% ao mês, determinar o coeficiente de financiamento e o valor de cada prestação.

9. Avaliar qual das três propostas de financiamento de um determinado bem é mais vantajosa para o cliente, sendo:

    a) CF de 0,120241 para pagamento em 10 prestações mensais, iguais e sem entrada.
    b) CF de 0,443525 para pagamento em 3 prestações trimestrais iguais e sem entrada.
    c) CF de 0,381436 para pagamento em 4 prestações semestrais iguais e sem entrada.

Respostas dos exercícios

1) a) 0,114259 b) 0,094560
   c) 0,055415
2) a) 2,88% a.m. b) 3,00% a.m.
   c) 2,12% a.m.
3) a) 0,184598 b) 0,257652
4) a) 0,116029 b) 0,109980
   c) 0,118118
5) 0,1110053
6) 0,292518
7) 0,38084; $ 19.041,98
8) $ 2.924,61; CF: 0,097487
9) a) 3,5% b) 5,0% c) 3,0% menos custo

7

PRINCÍPIOS BÁSICOS DE PROGRAMAÇÃO

Objetivo do capítulo

O estudo deste capítulo permite que você aprenda a programar com a HP 12C e resolva, de forma rápida e exata, inúmeros problemas financeiros.

O capítulo oferece ainda diversos programas desenvolvidos de operações financeiras.

Fazer um programa significa agilizar um serviço que seria feito muitas vezes, ou seja, repetir sistematicamente o mesmo conjunto de teclas e funções. Programar é diminuir essa exaustiva repetição de teclas por apenas as essenciais, isto é, os dados de entrada do programa, e o restante, "a parte chata", a HP 12C fará sozinha.

As teclas envolvidas na programação são: R/S e SST.

Deve-se prestar atenção nas operações que são realizadas várias vezes e anotar as combinações de teclas necessárias para a execução da mesma tarefa. Assim, está-se preparando um algoritmo do programa.

Cada tecla, sinal, número ou operação representará uma instrução na hora de programar a HP 12C, fazendo com que apenas o bloco de teclas necessário para a elaboração de um resultado seja útil.

Pressionando f R/S (P/R) coloca-se a calculadora no Modo de Programação. Quando a calculadora está nesse modo, as funções já não serão mais executadas quando são introduzidas, elas são simplesmente armazenadas na ordem em que for feita a digitação na calculadora.

O indicador de estado **PRGM** fica aceso no visor indicando que tal modo está em atividade.

Pressionando f R↓ (CLEAR)(PRGM) apagam-se quaisquer programas anteriores armazenados na calculadora.

Deve ser introduzida a sequência de teclas escrita. As teclas de introdução de dados iniciais devem ser ignoradas, pois as mesmas poderão variar a cada uso do programa.

Exemplo

Supondo que se deseja transformar uma taxa anual de 12% em uma taxa mensal equivalente:

$(1 + i_m)12 = (1 + 0,12)$

$1 + i_m = \sqrt[12]{1,12}$

$1 + i_m = (1,12)^{1/12}$

$1 + i_m = 1,00949$

$i_m = 0,95\%$ a.m.

Normalmente seriam feitas:

Teclas (inserção de dados)			Visor	Significado
12	ENTER		12,000000	Taxa de juros anual
100	÷		0,120000	Divisão por 100 da taxa
1	+		1,120000	Soma-se 1 ao valor anterior
12	1/X	y^x	1,009488793	Valor 1/12
1	−		0,009488793	Resultado de $(1,12)^{1/12}$
100	×		0,94887930	0,95% a.m. taxa equivalente mensal de juros

Se a taxa fosse 15% ao ano, ficaria:

$(1 + i_m)12 = (1 + 0,15)$

$1 + i_m = \sqrt[12]{1,15}$

$1 + i_m = (1,15)^{1/12}$

$1 + i_m = 1,01171$

$i_m = 1,17\%$ a.m.

Teclas (inserção de dados)			Visor	Significado
15	ENTER		15,000000	Taxa de juros anual
100	÷		0,150000	Divisão por 100 da taxa
1	+		1,150000	Soma-se 1 ao valor anterior
12	1/X	y^x	1,0117149	Valor 1/12
1	−		0,011714917	Resultado de $(1,15)^{1/12}$
100	×		1,1714917	1,17% a.m. taxa equivalente mensal de juros

Perceba que os comandos (**ENTER** 100 ÷ 1 +); (12 1/x y^x 1 − 100 ×) repetem-se independentemente da taxa de juros. Isto é, esses comandos são clássicos para qualquer problema dessa natureza.

Vale lembrar que a calculadora financeira HP 12C se comporta como uma grande matriz de valores que formam um conjunto de códigos, onde cada tecla do teclado (com exceção das correspondentes aos dígitos 0 e 9) é identificada por um código de teclas de dois dígitos, correspondendo à posição do teclado.

O primeiro dígito do código de tecla é o número da linha do teclado; por exemplo, a primeira de cima para baixo é a de número 1.

O segundo dígito indica a posição da tecla nessa linha, variando de 1 a 9, da esquerda para direita (o dígito 0 corresponde à 10ª tecla da linha).

O código de tecla correspondente aos dígitos numéricos é composto simplesmente pelo próprio dígito da tecla. Dessa forma, quando é introduzida a instrução % na memória de programação, a calculadora apresenta no visor: **04 25**

Isso indica que a tecla correspondente à instrução contida na 4ª linha do programa fica na 2ª linha do teclado, e é a 5ª tecla dessa linha:

a tecla % , quando foi introduzida a instrução + na memória de programação, a calculadora apresentou no visor: **07 40**

C = Coluna   e   L = Linha

> O código será formado juntando, respectivamente, linha e coluna

A programação na HP 12C é feita identificando-se cada tecla:

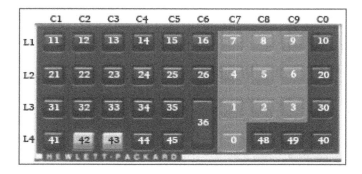

Primeiramente, coloque a calculadora no modo de programação e apague qualquer programa(s) que tenha armazenado anteriormente.

Teclas (inserção de dados)		Visor	Significado
	f	P/R	00–	coloca a calculadora no modo programação
f	CLEAR	PRGM	–00	apaga todos os programas

Finalmente, pressione as teclas usadas acima para resolver o problema manualmente. Não introduza o 12; esse número variará cada vez que o programa for usado.

Nesse momento, não importa o que aparecer no visor quando for pressionar as teclas; isso será visto um pouco mais adiante, ainda nesta seção.

Teclas (inserção de dados)			Visor		Significado
	f	P/R	00-PRGM		entra no modo programação
	f	PRGM	00-PRGM		apaga os programas antigos
	ENTER		01–	36	separa taxa de juros
	100		04–	0	divide por 100
	÷		05–	10	
	1	+	07–	40	soma 1
	12		09–	2	calcula 1/12
	1/X		10–	22	
	yˣ		11–	21	calcula $(1 + i)^{1/12}$
	1	–	13–	30	subtrai 1
	100	×	17–	20	multiplica por 100
	f	P/R	0,00		sai do modo programação

Agora a calculadora contém este programa para calcular uma taxa mensal dada uma taxa anual.

7.1 Executando o programa

Para executar um programa, introduza na calculadora o dado necessário, como se estivesse calculando manualmente. Quando um programa é executado, ele usa os dados que estiverem no visor e nos registradores internos da calculadora. Para iniciar a execução do programa, pressione R/S e aparecerá na tela a palavra *RUNNING* (executando).

Exemplo

Execute o programa criado para calcular a taxa mensal referente a 12% ao ano:

12 R/S   Resposta: **0,949%**

7.1.1 Programas nas calculadoras HP 12C *Platinum* e HP 12C *Prestige*

Estes novos modelos da linha financeira da HP 12C apresentam mais de 100 linhas de programação. A diferença existente nesse modelo é que as linhas usadas na programação aparecem com 3 casas decimais à esquerda.

Deve-se ficar atento nos demais programas para utilizar o número de uma linha com 3 casas, mesmo quando precedidas de zero, como, por exemplo, linha 8. Nestas calculadoras deve ser informado 008, enquanto na HP tradicional, apenas 08. Repete-se o programa anterior, ilustrando como seria o visor nessas calculadoras:

Teclas (inserção de dados)			Visor HP Tradicional	Visor HP *Platinum* e *Prestige*
	f	P/R	00-PRGM	000-PRGM
	f	PRGM	00-PRGM	000-PRGM
	ENTER		01- 36	001- 36
	100		04- 0	004- 0
	÷		05- 10	005- 10
	1	+	07- 40	007- 40
	12		09- 2	009- 2
	1/X		10- 22	010- 22
	y^x		11- 21	011- 21
	1	-	13- 30	013- 30
	100	×	17- 20	017- 20
	f	P/R	0.00	0.00

7.2 Memória de programação

A calculadora financeira HP 12C comporta até 99 linhas de programação. Por isso, ao elaborar um programa, procure organizar o raciocínio para otimizar o processo de economizar linhas.

Para os modelos HP 12C *Platinum* e HP 12C *Prestige,* o número de linhas de programação passou para 400.

Exemplo

Para introduzir uma multiplicação por 100, pode-se fazer:

Teclas (inserção de dados)	Visor HP Tradicional
1	uma linha para armazenar o número 1
0	mais uma linha para armazenar o número 0
0	mais uma linha para armazenar o número 0
×	e uma linha para o comando multiplicar

Assim, usaram-se 4 linhas de programação para fazer a multiplicação de um número por 100. Ao invés dessa sequência, poderia ter-se usado:

Teclas (inserção de dados)	Visor HP Tradicional
EEX	acionou o comando de base 10
2	2 como expoente base 10, significa 100
×	comando de multiplicar

Deste modo, foi realizada a mesma operação, porém com 3 linhas, economizando 1 linha de programação.

As sequências de teclas são introduzidas na calculadora no modo de programação.

Cada dígito, ponto decimal ou tecla de função é denominado instrução e é armazenado numa linha de memória de programação, a qual é usualmente referida como linha de programa.

As sequências de teclas começando com as teclas de prefixo **f** **g** **STO** **RCL** **R↓** (GTO) são tratadas como uma instrução completa de armazenamento numa única linha de programa.

Quando um programa é executado, cada instrução da memória de programação é executada. Ou seja, a tecla ou sequência de teclas dessa linha de programa é processada como se estivesse pressionando manualmente cada uma das teclas, começando pela instrução atual da memória de programação, e prosseguindo sequencialmente com as linhas consecutivas de numeração maior.

Sempre que a calculadora está no modo de programação, isto é, sempre que o indicador de estado **PRGM** está aceso, o visor apresenta informações sobre a linha de programa na qual a calculadora está presentemente posicionada.

O número que aparece na extremidade esquerda do visor é o da linha da memória de programação.

Os demais dígitos compõem um código, o que identifica a instrução armazenada nessa linha. Nenhum código é apresentado para linha 00, pois nada é armazenado nela.

7.3 Como funciona a memória de programação da HP 12C

Todos os conjuntos de linhas utilizados para armazenar um programa constituem a sua memória de programação.

Dessa forma, enquanto nenhum programa for armazenado na sua memória, ela utilizará apenas 8 linhas de programação e os 20 registradores estarão disponíveis para armazenamento.

À medida que se introduzir uma nova linha de um programa, cada registrador de armazenamento irá se transformar automaticamente em novas 7 linhas de memória para programação.

Figura 7.1 Posições de memória da HP 12C

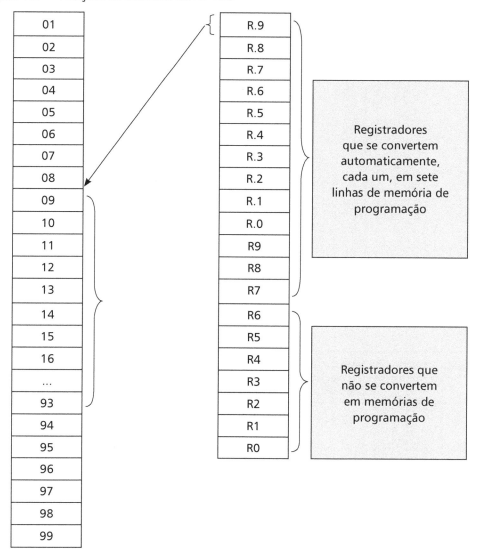

Fonte: adaptada do Manual da HP 12C.

Os registradores de 1 a 6 não são conversíveis, pois servem de auxiliadores nos cálculos no decorrer da execução *(RUNNING)* de programas e cálculos.

Ao se executar [g] [9](MEM), está-se solicitando ver o número de linhas utilizadas na programação e quantos registradores (dos 20 disponíveis) estão disponíveis para armazenamento.

Uma das seguintes opções aparecerá no visor:

P-08	r-20
P-15	r-19
P-22	r-18
P-29	r-17
P-36	r-16
P-43	r-15
P-50	r-14
P-57	r-13
P-64	r-12
P-71	r-11
P-78	r-10
P-85	r-09
P-92	r-08
P-99	r-07

Exemplo

Teclas (inserção de dados)		Visor HP Tradicional
g	MEM	chamada para verificação da memória
P-15 r-19		P-15 significa que existe um ou mais programas inseridos na calculadora contendo de 9 a 15 linhas de programação; r-19 significa que existem 19 registradores de armazenamento que estão disponíveis

7.4 Para ler um programa que esteja na HP 12C

Pressionando [f] [R/S] (P/R), a calculadora entra no modo de programação.

Ocasionalmente pode-se desejar verificar várias ou até mesmo todas as instruções armazenadas na memória da programação. A HP-12C permite que se revejam as instruções do programa, percorrendo a memória da programação para frente e para trás:

pressionando ▓ (*Single Step* = linha à linha), estando a calculadora no modo de programação, faz-se com que a calculadora passe para a próxima linha da memória de programação, apresentando o número e o código da tecla correspondente à instrução nela armazenada.

pressionando ▓ ▓ (BST) (*Back Step* = linha anterior) estando a calculadora no modo de programação, faz-se com que a calculadora passe à linha anterior da memória de programação, apresentando o número e o código da instrução nela armazenada.

Exemplo

Para apresentar as duas primeiras linhas do programa, basta colocar a calculadora no modo de programação e pressionar ▓ duas vezes.

Considerando que esteja na memória o programa, pede-se calcular uma taxa equivalente mensal, dada uma taxa efetiva anual.

Teclas (pressione)			Visor	Significado
	f	P/R		coloca a calculadora no modo de programação e apresenta a linha atual da memória de programação
	SST		01– 36	linha de programa 01: **ENTER**
	SST		02– 1	linha de programação 02: o dígito 1
pressionando	g	BST		far-se-á o contrário
Teclas (pressione)			Visor	Significado
	g	BST	01– 36	linha de programa 01
	g	BST	00–	linha de programa 00

Se as teclas ▓ e ▓ (BST) forem mantidas pressionadas, a calculadora apresentará todas as linhas da memória de programação.

Pressione SST novamente e experimente mantê-la pressionada até que a linha de programa 07 seja apresentada.

Teclas (pressione)		Visor	Significado
	SST	01– 36	linha de programa 01
Solte	SST	07– 40	linha de programa 07

Exemplo

Suponha que se deseja transformar uma taxa mensal de 1% em uma taxa anual efetiva.

Normalmente seria feito:

$(1 + i_m)^{12} = (1 + i_a)$

$(1 + 0{,}01)^{12} = (1 + i_a)$

$1 + i_a = (1{,}01)^{12}$

$1 + i_m = 1{,}1268$

$i_m = 12{,}68\%$ a.a.

Na HP 12C:

Teclas (inserção de dados)		Visor	Significado
1	ENTER	1,000000	Taxa mensal de juros
100	÷	0,010000	Taxa dividida por 100
1	+	1,010000	1 mais taxa sobre 100
12	y^x	1,126825	Valor de $(1{,}01)^{12}$
1	–	0,126825	Subtrai 1 do resultado
100	×	12,68	12,68% a.a. taxa equivalente anual de juros

Se a taxa fosse 5% ao mês, ficaria:

$(1 + i_m)^{12} = (1 + i_a)$

$(1 + 0{,}05)^{12} = (1 + i_a)$

$1 + i_a = (1{,}05)^{12}$

$1 + i_m = 1{,}7959$

$i_m = 79{,}59\%$ a.a.

Na HP 12C:

Teclas (inserção de dados)		Visor	Significado
5	ENTER	5,00000	Taxa mensal de juros
100	÷	0,050000	Taxa dividida por 100
1	+	1,050000	1 mais taxa sobre 100
12	yˣ	1,7958563	Valor de $(1,05)^{12}$
1	−	0,7958563	Subtrai 1 do resultado
100	×	79,58563	**79,58% a.a. taxa anual de juros**

7.5 Inserindo mais de um programa

Podem ser armazenados múltiplos programas na memória de programação, desde que sejam separados por instruções que garantam que, ao fim de cada programa, sua execução se interrompa e retorne para o início, permitindo executar qualquer um dos programas armazenados na memória de programação.

Antes de pressionar R/S, posicione a calculadora na 1ª linha do programa desejado, através de R↓ (GTO).

Para armazenar um programa em seguida a outro já contido na memória de programação (no caso, em seguida ao primeiro deste capítulo):

Pressione f R/S (P/R) para colocar a calculadora em modo de programação.

Pressione g R↓ (GTO) . seguidas por dois dígitos especificando o número da última linha que você introduziu na memória de programação.

1. Se esse é o segundo programa a ser armazenado na memória de programação, é preciso garantir a separação entre ambos, através de uma instrução g R↓ (GTO) **00**, indicada no passo 3.

2. Nas versões *Platinum* e *Prestige*, o comando depois do ponto deve ser os três dígitos especificando o número da última linha que você introduziu na memória de programação.

Se a memória já contiver 2 ou mais programas, ignore o passo 3 e prossiga para o passo 4.

Pressione [g] [R↓](GTO) 00. Essa instrução faz com que o programa seja desviado para a linha 00 que não contém nenhuma instrução definida, e assim interrompe a execução do programa, separando um programa do outro.

Nas calculadoras HP 12C *Platinum* e *Prestige*, esta instrução deve ser: [g] [R↓](GTO) 000.

Aparecerá: 18– 43,33 00

Introduza o programa na memória de programação. Se já estiver armazenando um programa, que originalmente foi escrito para ser armazenado no início da memória de programação e contém uma instrução [R↓](GTO), certifique-se de alterar o número da linha especificado pela instrução, para que o programa desvie a execução para o novo número de linha.

Para se fazer, então, um programa para converter uma taxa efetiva mensal em anual:

Teclas (inserção de dados)			Visor	Significado
	ENTER		19– 36	entra com a taxa
100	÷		23– 10	valor de i/100
1	+		25– 40	valor de (1 + i/100)
12	y^x		28– 21	calcula $(1+ i/100)^{12}$
1	–		30– 30	taxa de $(1+ i/100)^{12} -1$
100	×		34– 20	**taxa equivalente anual**
	f	P/R	0,00	sai do modo programação

7.6 Executando um segundo programa

Para executar um programa que não se inicia na linha 01:

Pressione [f] [R/S](P/R) para colocar a calculadora em modo de *RUN* novamente. Se a calculadora já estiver no modo *RUN*, ignore este passo;

Pressione [g] [R↓](GTO) seguida por dois dígitos especificando a primeira linha do programa.

Pressione [R/S].

Exemplo

Pode-se transformar 1% ao mês em ano:

Teclas (inserção de dados)			Visor	Significado
	f	REG	0,00	Limpa registradores
g	GTO	19	0,00	Posiciona ponteiro na linha 19
1	R/S		12.6825	Taxa equivalente anual

No mesmo exemplo, ao ser resolvido na HP *Platinum* ou *Prestige*, tem-se:

Teclas (inserção de dados)			Visor	Significado
	f	REG	0,00	Limpa registradores
g	GTO	019	0,00	Posiciona ponteiro na linha 19
1	R/S		12.6825	Taxa equivalente anual

É apresentado a seguir um programa que vai resolver a conversão de uma taxa de juros de um período para outro, sem restrições quanto aos prazos de anos e meses.

As instruções passo a passo são demonstradas a seguir:

Programa de Conversão Automática de Taxas

Teclas (inserção de dados)			Visor		Significado
	f	P/R	00-PRGM		entra no modo de programação
	f	PRGM	00-PRGM		apaga os programas antigos
	X<>Y		01-	34	inverte valores
	÷		02-	10	divide os prazos
	X<>Y		03-	34	divide a taxa por 100
	EEX	2	05-	2	
	÷		06-	10	
	1		07-	1	soma 1
	+		08-	40	
	X<>Y		09-	34	calcula $(1 + i)^{\frac{\text{prazo que eu quero}}{\text{prazo que eu tenho}}}$
	y^x		10-	21	
	1		11-	1	subtrai 1
	–		12-	30	
	EEX	2	14-	2	multiplica por 100
	×		15-	20	
	f	P/R	0.00		sai do modo de programação

Ou seja, para conhecer agora uma taxa em dado período, basta informar a taxa conhecida de juros no período e acionar a tecla ENTER, depois o prazo que se tem da taxa de juros, em seguida a tecla ENTER novamente e logo após o prazo da taxa que se quer, na mesma unidade de tempo do prazo anterior, e apertar R/S.

Exemplo

Converter 1% ao mês em ano.

Teclas (inserção de dados)			Visor	Significado
1	ENTER		1,0000	taxa de 1%
1	ENTER		1,0000	prazo em que tenho a taxa – 1 mês
12	R/S		12,0000	prazo equivalente em que se quer na mesma unidade do prazo que se tem – 12 meses
			12,6825	12,68% a.a. taxa equivalente anual

O programa poderia ter sido desenvolvido assim também:

Teclas (inserção de dados)			Visor	Significado
1	ENTER		1,0000	taxa de 1%
30	ENTER		30,0000	prazo em que se tem a taxa – 1 mês = 30 d
360	R/S		360,0000	prazo equivalente em que se quer na mesma unidade do prazo que se quer – 360 dias = 1 ano
			12,6825	12,68% a.a. taxa equivalente anual

Alguns testes

1. Qual é a taxa de 3% ao mês em 21 dias?
   Resposta: 2,09% em 21 dias

2. Qual é a taxa de 12% ao ano em 98 dias? (Considere ano de 360 dias).
   Resposta: 3,133% em 98 dias

7.7 Programa que fornece mais de uma resposta

Existem programas que precisam fornecer mais de uma resposta, isto é, programas que fazem mais de um cálculo para o usuário.

Serão desenvolvidos, a seguir, programas para desconto de cheques e de cálculo de corretagem e emolumentos de aplicações em bolsas de valores.

7.7.1 Cálculo de desconto de cheque

Na operação de desconto de cheque existe a incidência do Imposto sobre Operações Financeiras (IOF).

A partir de 3 de janeiro de 2008, através do Decreto nº 6.306/07, alterado pelos Decretos nº 6.339/08 e nº 6.345/08,[1] a alíquota do IOF para pessoa física, que era de 0,0041% ao dia, correspondendo a 1,5% ao ano, passou para 0,0082% ao dia, correspondendo a 3% ao ano (limitada a 365 dias), e foi incluída uma alíquota adicional de 0,38% sobre o valor principal, não podendo ser cobrado sobre juros, independentemente do prazo da operação.

Para pessoa jurídica, a alíquota diária permanece em 0,0041% (limitada a 365 dias) e também foi incluída a alíquota adicional de 0,38% sobre o valor principal, independentemente do prazo da operação.

Admita o desconto de um cheque no valor de $ 1.400,00, a uma taxa de juros de 4% ao mês, realizado na data 03/03/2006, sendo a data do cheque 30/03/2006. O IOF é de 0,0041% ao dia, e descontado no ato.

$$\text{Valor do Desconto (D)} = \$\,1.400,00 \times \frac{0,04}{30} \times 27 = 50,40$$

onde:

- 27 são os dias decorridos entre a data do cheque e a data da operação
- IOF = 1.400 × 0,000041 × 27 = $ 1,55
- Valor total dos descontos = 50,40 + 1,55 = $ 51,95
- Valor liberado = 1.400,00 − 51,95 = $ 1.348,05

Ao se desejar programar todo o cálculo, deve-se desenvolver um programa que apresente saídas por partes.

Na calculadora financeira HP 12C existe o comando g R/S (PSE), que significa *Pause* (pausa temporária), que corresponde a aproximadamente o intervalo de 1 segundo até a próxima execução. Recomenda-se a inserção de duas a três vezes o comando no programa, se for necessário anotar quaisquer resultados, uma vez que a execução é rápida.

---

[1] Esta é a legislação em vigor. Caso ocorram alterações, devem-se respeitar a legislação e a metodologia publicadas com as devidas modificações.

Se, no decorrer da execução de um programa, o tempo deixado para anotar os resultados for insuficiente, pressione a tecla R/S que interromperá a execução do programa, dando tempo necessário para anotar os devidos valores. Pressionando novamente R/S, o programa continuará a executar suas funções normalmente.

7.7.1.1 Programa para cálculo de desconto de cheque

O programa a seguir realiza o desconto de 2 cheques apenas, por uma questão de limitação de armazenamento de dados na HP 12C. Esse programa possui a metodologia anterior ao Decreto nº 6.306/07.

Teclas (inserção de dados)				Visor		Significado
f	P/R			00-	PRGM	entra no modo de programação
f	PRGM			00-	PRGM	limpa programas antigos
RCL	7			01-	45 7	recupera prazo do 1º cheque
ENTER				02-	36	separação de variáveis
RCL	0	Σ+		04-	49	recupera valor do 1º cheque
RCL	9			05-	45 9	recupera prazo do 2º cheque
ENTER				06-	36	separação de variáveis
RCL	8	Σ+		08-	49	recupera valor do 2º cheque
g	6	n		10-	11	cálculo do prazo médio
ENTER				11-	36	separação de variáveis
RCL	i	×		13-	20	taxa de juros cobrada
3	0	÷		16-	10	valor dos juros diários
RCL	2	×		18-	20	valor dos juros totais
RCL	FV	+		20-	40	recupera TAC
RCL	1			21-	45 1	recupera quantidade total dos cheques
RCL	PV	×	+	24-	40	recupera valor unitário da custódia
RCL	2			25-	45 2	recupera valor dos cheques
RCL	PMT	×		27-	20	recupera alíquota do IOF
RCL	n	×	+	30-	40	recupera prazo médio
RCL	2			31-	45 2	recupera total dos cheques
X<>Y	–			33-	30	valor liberado ao cliente
STO	3			34-	44 3	armazena vlr. liberado no registro 3

continua

Cap. 7 • Princípios básicos de programação

Teclas (inserção de dados)				Visor		Significado
RCL	2	X<>Y	÷	37-	10	cálculo do custo efetivo
1	–	100	×	43-	20	custo efetivo do período
STO	5			44-	44 5	armazena custo efetivo
100	÷	1	+	50-	40	valor (1 + custo efetivo/100)
30	ENTER	RCL	n	54-	45 11	acerto do prazo mensal
÷	y^x	1	–	58-	30	cálculo do custo efetivo mensal
100	×			62-	20	custo efetivo mensal
R/S				63-	31	parada temporária
RCL	3	R/S		65-	31	recupera valor liberado
RCL	5			66-	45 5	recupera custo efetivo do período
f	P/R			0,00		sai do modo programação

Exemplo

Seja um desconto de dois cheques, um no valor de $ 1.000,00 com prazo de 40 dias, e outro de $ 2.000,00 com prazo de 50 dias. A taxa de desconto cobrada pelo Banco é 2,1% a.m., e o IOF é 0,0041% a.d., custódia de $ 0,50 por cheque e TAC (Tarifa de Contratação) de $ 60,00 pela operação.

Na HP 12C, tem-se:

Teclas (inserção de dados)			Visor	Significado
	f	REG	0,00	limpa registros
1000	STO	0	1.000,00	armazena o 1º cheque
40	STO	7	40,00	armazena o 1º prazo
2000	STO	8	2.000,00	armazena o 2º cheque
50	STO	9	50,00	armazena o 2º prazo
0,021	i		0,0210	armazena taxa
0.000041	PMT		0,000041	armazena IOF
0,50	PV		0,50	armazena custódia
60	FV		60,00	armazena TAC
	R/S		3,70	**custo efetivo mensal**
	R/S		2.835,26	**valor liberado**
	R/S		5,81	**custo efetivo no período**

7.7.1.2 Programa para cálculo de desconto de cheque pela legislação vigente (Decreto nº 6.306/07)

Considere o desconto de um cheque no valor de $ 5.000,00 a uma taxa de 4% ao mês, com prazo de 60 dias e TAC de $ 40,00. Alíquota do IOF de 0,0082% ao dia, IOF adicional de 0,38% sobre o valor da operação e custódia de $ 0,50 por cheque. Tem-se:

Juros:	$5.000,00 \times \dfrac{0,04}{30} \times 60 = $ **400,00**
IOF:	$(5.000,00 - 400,00) \times 0,000082 \times 60 = $ **22,63**
IOF (adicional):	$(5.000,00 - 400,00) \times 0,0038 = $ **17,48**
Total dos descontos:	$400,00 + 22,63 + 17,48 + 40,00 + 0,50 = $ **480,61**
Valor liberado:	$5.000,00 - 480,61 = \$\ \mathbf{4.519,39}$

O custo efetivo mensal da operação pode então ser calculado da seguinte maneira:

$$i = \frac{5.000,00}{4.519,39} = 0,106344 = 10,6344\% \text{ em 60 dias}$$

$$i = (1 + 0,106344)^{\frac{30}{60}} - 1 = 0,05183 = 5,18\% \text{ a.m.}$$

Do mesmo modo, pode-se programar toda a rotina de cálculo feita acima como segue.

O programa a seguir realiza o desconto de 2 cheques apenas, por uma questão de limitação de armazenamento de dados na HP 12C.

Teclas (inserção de dados)				Visor		Significado
f	P/R			00-	PRGM	entra no modo de programação
f	PRGM			00-	PRGM	limpa programas antigos
RCL	7			01-	45 7	recupera prazo do 1º cheque
ENTER				02-	36	separação de variáveis
RCL	0	Σ+		04-	49	recupera valor do 1º cheque
RCL	9			05-	45 9	recupera prazo do 2º cheque
ENTER				06-	36	separação de variáveis
RCL	8	Σ+		08-	49	recupera valor do 2º cheque
g	6	STO	4	10-	44 4	cálculo do prazo médio

continua

Teclas (inserção de dados)				Visor		Significado
ENTER				11-	36	separação de variáveis
RCL	i	×		13-	20	taxa de juros cobrada
3	0	÷		16-	10	valor dos juros diários
RCL	2	×		18-	20	valor dos juros totais
STO	6			19-	44 6	armazena valor dos juros
RCL	2			20-	45 2	recupera total dos cheques
RCL	6	−		22-	30	subtrai juros do total dos cheques
STO	5			23-	44 5	armazena valor líquido dos juros
RCL	PMT	×		25-	20	recupera alíquota do IOF
RCL	4	×		27-	20	valor do IOF diário
STO	0			28-	44 0	armazena valor do IOF diário
RCL	5			29-	45 5	recupera valor líquido dos juros
RCL	n	×		31-	20	valor do IOF adicional
+				32-	40	total do IOF
RCL	FV	+		34-	40	recupera TAC
RCL	1			35-	45 1	acerto do prazo mensal
RCL	PV	×	+	38-	40	recupera valor da custódia
RCL	6	+		40-	40	total dos descontos
RCL	2			41-	45 2	recupera total dos cheques
X<>Y	−			43-	30	valor liberado ao cliente
STO	3			44-	44 3	armazena valor liberado
RCL	2	X<>Y	÷	47-	10	cálculo do custo efetivo
1	−	100	×	53-	20	custo efetivo do período
STO	7			54-	44 7	armazena custo efetivo
100	÷	1	+	60-	40	valor (1+custo efetivo/100)
30	ENTER			63-	36	prazo em dias
RCL	4	÷		65-	10	ajuste do prazo mensal
y^x	1	−	100 ×	72-	20	custo efetivo mensal
R/S				73-	31	parada temporária
RCL	3	R/S		75-	31	recupera valor líquido
RCL	7			76-	45 7	recupera custo efetivo do período
f	P/R			0,00		**sai do modo programação**

Exemplo

Seja um desconto de 2 cheques, um no valor de $ 2.000,00 com prazo de 30 dias e outro de $ 3.000,00 com prazo de 80 dias. A taxa de desconto cobrada pelo Banco é 4% a.m., o IOF é 0,0082% ao dia, o IOF adicional é 0,38% sobre o valor solicitado, a custódia é $ 0,50 por cheque e a TAC de $ 40,00 pela operação.

Na HP 12C, tem-se:

Teclas (inserção de dados)			Visor	Significado
	f	REG	0,000000	limpa registros
2000	STO	0	2000,000000	armazena o 1º cheque
30	STO	7	30,000000	armazena o 1º prazo
3000	STO	8	3000,000000	armazena o 2º cheque
80	STO	9	80,000000	armazena o 2º prazo
0,04	i		0,040000	armazena taxa
0.000082	PMT		0,000082	armazena IOF diário
0.0038	n		0,003800	alíquota adicional do IOF
0.50	PV		0,500000	armazena custódia
40	FV		40,000000	armazena TAC
	R/S		5,188730	custo efetivo mensal
	R/S		4.518,8880	valor liberado
	R/S		10,64669	custo efetivo no período

7.7.2 Cálculo da taxa de aplicações em bolsas de valores

Nas aplicações na Bolsa de Valores existem taxas de corretagem e emolumentos que incidem sobre o montante negociado diariamente na Bolsa. Os valores atuais são descritos a seguir:

Corretagem nas operações de Bolsa

Valores	Corretagem	Fixo
0 até 135,07	–	$ 2,70
135,08 até 498,62	2%	–
498,63 até 1.514,69	1,5%	$ 2,49
1.514,70 até 3.029,38	1%	$ 10,06
Acima de 3.029,38	0,5%	$ 25,21

O valor atual dos emolumentos pagos à Bovespa é de 0,035% e, nas operações de *Day-Trade*, 0,025%. Lembre-se que os valores da corretagem e emolumentos são cobrados tanto na compra como na venda das ações.

Exemplo

Admita uma aplicação de compra de 100 ações da BBAS3 – Banco do Brasil. A cotação está em $ 50,00/ação.

Custo das ações:	100 ações × $ 50,00 =	$ 5.000,00
Corretagem:	0,5% (5.000,00) + $ 25,21 =	$ 50,21
Emolumentos:	0,035% × $ 5.000,00 =	$ 1,75
Total da corretagem:	$ 50,21 + $ 1,75 =	$ 51,96

Como os valores negociados em Bolsa são geralmente superiores a $ 500,00, optou-se por elaborar um programa na HP 12C que faça o cálculo da corretagem, considerando as três últimas faixas da tabela de corretagem.

Pelo fato de existirem valores em intervalos, ao fornecer o valor negociado, a HP 12C tem que ser capaz de identificar em qual faixa de variação estará calculando o valor da corretagem.

Para resolver esse problema, pode-se usar o comando g x≷y que faz a comparação do valor armazenado no registro X com o valor armazenado no registro Y.

Se a sentença for verdadeira x≷y, o programa seguirá para a próxima linha de execução. Caso seja falsa, desvia-se a execução do programa da linha seguinte para qualquer outra linha de comando e prossegue-se normalmente a execução.

Na prática, para executar o comando g x≷y será necessário que se conheça primeiro toda a redação do programa, para poder fornecer a sequência correta do *loop* de instrução que a HP 12C deverá seguir. Isto é, dever-se-á fornecer uma sequência de comandos que será executada após outros procedimentos, sendo verificada se a sentença é falsa.

O programa a seguir calcula a corretagem e os emolumentos de uma aplicação em Bolsa de Valores.

Teclas (inserção de dados)				Visor	Significado
f	P/R			00- PRGM	entra no modo de programação
f	PRGM			00- PRGM	limpa programas antigos
STO	0			01- 44 0	armazena investimento 0
RCL	1			02- 45 1	armazena valor no registrador 1
X<>Y				03- 34	inverte valores
g	x≤y			04- 43 34	compara valores
g	GTO	21		05- 43,33 21	altera *loop* de programação para linha 21
RCL	0			06- 45 0	recupera valor no registro 0
RCL	2			07- 45 2	recupera valor no registro 2
X<>Y				08- 34	inverte valores
g	x≤y			09- 43 34	compara valores
g	GTO	31		10- 43,33 31	altera *loop* de programação para linha 31
RCL	0			11- 45 0	calcula corretagem e emolumentos no intervalo de 3.029,98
RCL	5	×		13- 20	
RCL	8	+		15- 40	
RCL	0			16- 45 0	
RCL	9	×		18- 20	
+				19- 40	
g	GTO	00		20- 43,33 00	trava separação de linhas de programação
RCL	0			21- 45 0	calcula corretagem e emolumentos no intervalo de 498,69 até 1.517,69
RCL	3	×		23- 20	
RCL	6	+		25- 40	
RCL	0	RCL	9 × +	29- 40	
g	GTO	00		30- 43,33 00	trava separação de linhas de programação
RCL	0			31- 45 0	calcula corretagem e emolumentos no intervalo de 1.514,70 até 3.019,38
RCL	4	×		33- 20	
RCL	7	+		35- 40	
RCL	0	RCL	9 × +	39- 40	
f	P/R			0,00	sai da programação

Para testar o programa, faz-se:

Teclas (inserção de dados)			Visor	Significado
	f	REG	0,00	limpa registros
1514.69	STO	1	1514,69	limite superior de corretagem
3029.38	STO	2	3.029,38	limite superior de corretagem
0.015	STO	3	0,015	alíquota de corretagem
0.01	STO	4	0,01	alíquota de corretagem
0.005	STO	5	0,005	alíquota de corretagem
2.49	STO	6	2,49	valor fixo de corretagem
10.06	STO	7	10,06	valor fixo de corretagem
25.21	STO	8	25,21	valor fixo de corretagem
0.00035	STO	9	0,00035	alíquota de emolumentos
5000	R/S		51,96	corretagem + emolumentos

7.7.3 Programa para capitalização de taxas

Elaborar um programa que, dadas n taxas de juros de mesma periodicidade, forneça a taxa equivalente média (média geométrica das taxas).

Teclas (inserção de dados)			Visor	Significado
	f	P/R	00- PRGM	entra no modo programação
	f	PRGM	00- PRGM	limpa programas antigos
	x		01- 20	função X
	STO	1	02- 44 1	armazena resultado no registro 1
g	GTO	00	03- 43.33 00	trava sequência
	RCL	1	04- 45 1	recupera registro 1
	RCL	2	05- 45 2	recupera registro
	1/X		06- 22	inverso do número de taxas fornecidas
	y^x		07- 21	exponenciação
1	–	100 ×	13- 20	taxa geométrica
	f	P/R	0,00	sai do modo de programação

Exemplo

Calcular a taxa equivalente mensal para as seguintes taxas: 3% a.m.; −2% a.m.; 5% a.m. e 6% a.m.

Teclas (inserção de dados)			Visor	Significado
	f	REG	0,000000	Limpa registros
4	STO	2	4,000000	informa o número de taxas
1.03	ENTER		1,030000	1 + 1ª taxa
0.98	R/S		1,009400	1 + 2ª taxa
1.05	R/S		1,059870	1 + 3ª taxa
1.06	R/S		1,123462	1 + 4ª taxa
g	GTO	04	1,123462	posiciona ponteiro na 4ª linha
	R/S		2,953145	2,95% a.m. taxa equivalente mensal

7.7.4 Programa de cálculo do Imposto de Renda pessoa física

Elaborar um programa que calcule o valor do Imposto de Renda a recolher considerando a tabela a seguir, vigente para fatos ocorridos no ano-calendário de 2019, segundo a legislação vigente:

Base de cálculo mensal	Alíquota	Parcela a deduzir
Até $ 1.903,98	0%	–
De $ 1.903,99 até 2.826,65	7,5%	$ 142,80
De $ 2.826,66 até 3.751,05	15,0%	$ 354,80
De $ 3.751,06 até 4.664,68	22,5%	$ 636,13
Acima de $ 4.664,68	27,5%	$ 869,36

Fonte: <www.receita.fazenda.gov.br>.

Considere que do valor-base para cálculo do Imposto de Renda já estão deduzidos os valores por dependente e demais descontos legais.

Teclas (inserção de dados)			Visor	Significado
	f	P/R	0,00	entra no modo de programação
	f	PRGM	00- PRGM	limpa programas antigos
	RCL	1	01- 45 1	recupera limite da faixa inferior de renda
	X<>Y		02- 34	troca os valores dos registros X e Y
	g	x≤y	03- 43 34	compara os valores de X com Y
g	GTO	22	04- 43.33 22	muda posição de cálculo referente ao limite
	RCL	2	05- 45 2	recupera novo limite de faixa de renda
	X<>Y		06- 34	troca os valores dos registros X e Y
	g	x≤y	07- 43 34	compara os valores de X com Y
g	GTO	25	08- 43.33 25	muda posição de cálculo referente ao limite
	RCL	3	09- 45 3	recupera novo limite de faixa de renda
	X<>Y		10- 34	troca os valores dos registros X e Y
	g	x≤y	11- 43 34	compara os valores de X com Y
g	GTO	30	12- 43.33 30	muda posição de cálculo referente ao limite
	RCL	4	13- 45 4	recupera novo limite de faixa de renda
	X<>Y		14- 34	troca os valores dos registros X e Y
	g	x≤y	15- 43 34	compara os valores de X com Y
g	GTO	35	16- 43.33 35	muda posição de cálculo referente ao limite
	RCL	4	17- 45 8	recupera primeira alíquota da faixa maior
	×		18- 20	valor do imposto para última alíquota
RCL	g	2	19- 45 48 2	recupera último valor dedutível
	−		20- 30	IR a pagar para a maior faixa de renda

continua

Teclas (inserção de dados)			Visor	Significado
g	GTO	00	21- 43.33 00	termina sequência de cálculo do IR para a maior faixa salarial
	0		22- 0	alíquota zero para faixa de renda inferior
	x		23- 20	IR a pagar para a menor faixa de renda
g	GTO	00	24- 43.33 00	termina sequência de cálculo do IR para a menor faixa salarial
	RCL	5	25- 45 5	recupera primeira alíquota da faixa intermediária
	x		26- 20	valor do imposto para primeira alíquota
	RCL	9	27- 45 9	recupera o primeiro valor dedutível
	−		28- 30	IR a pagar para a primeira faixa de renda intermediária
g	GTO	00	29- 43.33 00	termina sequência de cálculo do IR para a primeira faixa salarial intermediária
	RCL	6	30- 45 6	recupera segunda alíquota da faixa intermediária
	x		31- 20	valor do imposto para segunda alíquota
	RCL	0	32- 45 0	recupera o segundo valor dedutível
	−		33- 30	IR a pagar para a segunda faixa de renda intermediária
g	GTO	00	34- 43.33 00	termina sequência de cálculo do IR para a segunda faixa salarial intermediária
	RCL	7	35- 45 7	recupera terceira alíquota da faixa intermediária
	x		36- 20	valor do imposto para terceira alíquota
RCL	g	1	37- 45 48 1	recupera o terceiro valor dedutível
	−		38- 30	IR a pagar para a terceira faixa de renda intermediária
	f	P/R	0,00	sai do modo de programação

Para executar o programa anterior, tem-se para um valor base, líquido dos descontos de $ 6.000,00, cujo imposto seria:

$$27,5\% \times 6.000,00 - 869,36 = 1.650 - 869,36 = \$ 780,64$$

Teclas (inserção de dados)			Visor	Significado
	f	REG	0,00	limpa registros
1.903,98	STO	1	1.903,98	limite inferior
2.826,65	STO	2	2.826,65	primeiro limite intermediário
3.751,05	STO	3	3.751,05	segundo limite intermediário
4.664,68	STO	4	4.664,68	maior limite salarial
0,075	STO	5	0,075	primeira alíquota
0,15	STO	6	0,150	segunda alíquota
0,225	STO	7	0,225	terceira alíquota
0,275	STO	8	0,275	quarta alíquota
142,80	STO	9	142,80	primeira parcela dedutível
354,80	STO	0	354,80	segunda parcela dedutível
636,13	STO	.1	636,13	terceira parcela dedutível
869,36	STO	.2	869,36	quarta parcela dedutível
6.000	R/S		780,64	IR a pagar

Vale ressaltar que a isenção das faixas de renda limite da tabela do IR 2019 deverá ser inserida e não se devem zerar os registros ao começar outro cálculo para não se perderem os valores.

Para um novo cálculo, bastaria digitar o salário e pressionar R/S. Por exemplo, para um salário de $ 2.500,00, cujo imposto será 15% × 2.500,00 − 142,80 = $ 44,70, bastaria fazer:

Teclas (inserção de dados)			Visor	Significado
2.500	R/S		44,70	IR a pagar

Exercícios propostos

1. Faça um programa que calcule a combinação de n elementos tomados p a p, isto é, o programa deve calcular:

$$C_{5,2} = \frac{5!}{2!\,(5-2)!} = \frac{5!}{2!\,3!} = 10$$

2. Faça um programa que calcule o coeficiente de financiamento para um fluxo de caixa postecipado, isto é, um financiamento cuja primeira prestação vence, por exemplo, daqui a 40 dias e as demais de 30 em 30.

   Fórmula de cálculo:

$$CF_a = \frac{i}{1-(1+i)^{-n}} \times (1+i)^{(a-t)/t}$$

   onde t é o intervalo-padrão do fluxo de caixa (geralmente 30 dias); e a o prazo de primeiro pagamento.

3. Usando o programa para desconto de cheques, calcule o valor liberado, custo efetivo no período e custo efetivo mensal para uma operação com cheque de $ 5.000,00 para 45 dias e um de $ 6.500,00 para 52 dias. O banco cobra 3% ao mês, custódia de $ 0,50 por cheque e TAC de $ 50,00.

4. Usando o programa de cálculo de corretagem e emolumentos, calcule estes valores para uma operação de:
   a) Compra de 100 ações a $ 31,00 cada uma.
   b) Venda de 100 ações de $ 32,45 cada uma.

5. Utilizando o programa de capitalização de taxas, encontre a taxa equivalente mensal para as seguintes taxas: 1,2%; 2%; – 0,9%; 1,1%; 2,9%.

6. Uma duplicata no valor de $ 32.700,00 é descontada junto a uma instituição financeira 77 dias antes do seu vencimento. Considerando que o IOF atinge 0,0082% ao dia, e a taxa de desconto cobrada pelo banco atinge 2,5% a.m., determinar o valor líquido liberado ao cliente e a taxa efetiva mensal e anual desta operação. Considere ainda a alíquota adicional de 0,38% de IOF.

7. Uma empresa realiza um desconto de cheques pelo prazo médio de 45 dias. O banco cobra 3% ao mês de taxa de desconto, TAC de $ 40,00 pela operação e

IOF de 0,0082% ao dia. Se a empresa necessita de $ 3.000,00 livres de todos os encargos, pede-se:

a) Qual deve ser o valor bruto total em cheques que a empresa deve apresentar ao banco no respectivo prazo médio?

b) Qual é o custo efetivo mensal?

8. Utilizando o programa de conversão de taxas equivalentes, calcule:

a) 10,5% ano em para 75 dias.

b) 3,5% ao bimestre em 1 ano.

c) 4,6% ao semestre em 1 trimestre.

d) 0,36% ao dia em 1 mês.

9. Use o programa do cálculo do Imposto de Renda para saber o imposto devido de um salário de $ 2.900,00, com base na tabela do ano de 2019.

Respostas dos exercícios

1) Programa: STO 1 / X<>Y / STO 2 / g 3(n!) /
   RCL 1 / g3 (n!) / RCL 2 / RCL 1 / − / g 3(n!) / x / ÷
   Resposta: $C_{5,2} = 10 \Rightarrow$ 5 ENTER 2 R/S

2) Programa: ENTER / 30 − / 30 ÷ / RCL n / + /
   n/ 1 CHS PV / PMT
   Resposta: f REG / 12 n / 5,5 i / 40 / R/S = 0,118119

3) Valor liberado: $ 10.862,92; custo mensal: 3,55%; custo período = 5,86%

4) a) $ 41,80 b) $ 42,57

5) 1,25% a.m.

6) Taxa mensal = 3,025%; taxa período = 7,95%; valor liberado = $ 30.292,24

7) a) $ 3.195,04

   b) 4,29% a.m.

8) a) 2,10% p/ 75 dias

   b) 22,93% a.a.

   c) 2,27% a.t.

   d) 11,38% a.m.

9) $ 80,20

8
SISTEMAS DE AMORTIZAÇÃO

Objetivo do capítulo

O capítulo demonstra como construir planilhas de amortização de financiamentos e cálculo dos juros. São disponibilizados também programas aplicados aos diversos sistemas de amortização.

Os sistemas de amortização tratam do pagamento parcelado de uma dívida, sendo que o pagamento de uma parcela sozinha não amortiza o capital devido.

Isso ocorre pois, em cada prestação, uma parte do seu valor contém os juros devidos sobre o capital emprestado e outra parte, chamada amortização, é que amortiza o capital.

Assim:

$$\text{Prestação} = \text{Amortização} + \text{Juros}$$

Os juros são obtidos geralmente pela incidência da taxa de juros sobre o saldo devedor, imediatamente anterior. A amortização é a diferença entre o valor da prestação e o dos juros.

O saldo devedor do período atual é o saldo devedor do período anterior, menos a amortização do período.

8.1 Sistema de Prestação Constante

Existem vários sistemas de amortização de empréstimos, sendo os mais comuns: o SAC (Sistema de Amortização Constante), onde as amortizações são constantes e as prestações não, e a tabela Price, onde as prestações são constantes, as amortizações variáveis, os juros decrescem e as amortizações crescem ao longo do tempo.

O Sistema Price, adotado quando os períodos das prestações (normalmente mensais, mas não necessariamente) se apresentam menores que o da taxa de juros, tem como característica básica o uso da taxa proporcional (linear) simples ao invés da taxa equivalente composta de juros.

Exemplos

1. Taxa de juros contratada: 18% a.a.
   Condições de pagamento: 4 prestações trimestrais iguais, sem entrada
   Valor do financiamento: $ 30.000,00

Tabela 8.1   Planilha de Amortização – Tabela Price

Trimestre	Saldo Devedor $	Amortização $	Juros $	Prestação $
0	30.000,00	–	–	–
1	22.987,69	7.012,31	1.350,00	8.362,31
2	15.659,83	7.327,86	1.034,45	8.362,31
3	8.002,21	7.657,62	704,69	8.362,31
4	–	8.002,21	360,10	8.362,31
Total		30.000,00	3.449,20	33.449,24

Com o uso da HP 12C:

Teclas (inserção de dados)			Visor	Significado
	f	REG	0,00	limpa todos os registradores
30000	CHS	PV	– 30.000,00	valor do financiamento
4.5	i		4,50	taxa de juros nominal
4	n		4,00	prazo do financiamento
	PMT		8.362,31	valor da prestação
1	f	AMORT	1.350,00	1ª parcela de juros
	X<>Y		7.012,31	1ª parcela de amortização
	RCL	PV	– 22.987,69	Saldo devedor após pagamento da prestação
1	f	AMORT	1.034,45	2ª parcela de juros
				e assim por diante...

Observe que deve ser feito sempre um de cada vez no comando da HP 12C. Se for informado 2 [f] [n] (AMORT), o valor que a calculadora mostrará no visor serão as próximas duas parcelas de juros acumuladas.

2. Um empréstimo de $ 10.000,00 é concedido à taxa linear de juros de 12% a.a., sendo liquidado em 4 pagamentos mensais. Elaborar a planilha financeira do empréstimo. Com o uso da HP 12 C:

Teclas (inserção de dados)			Visor	Significado
	f	REG	0,00	limpa todos os registradores
10000	CHS	PV	– 10.000,00	valor do financiamento
1	i		1,00	taxa de juros nominal
4	n		4,00	prazo de financiamento
	PMT		2.562,81	valor das prestações
1	f	AMORT	100,00	valor dos juros da 1ª prestação
	X<>Y		2.462,81	valor da primeira amortização
	RCL	PV	– 7.537,19	saldo devedor após a 1ª parcela
				e assim por diante....

Para saber o valor acumulado, pressione:

Número de prestações desejado		
f	AMORT	valor total dos juros até a referida prestação
X<> Y		valor total amortizado até a referida prestação
RCL	PV	saldo devedor resultante após o pagamento da referida prestação

8.2 Sistema de Amortização Constante (SAC)

Este sistema permite alguns tipos de situações:
1. **Pagamento sem carência**
2. **Pagamento com carência**
- com juros pagos durante a carência;
- com juros capitalizados (não pagos) durante a carência, vindo a pagar no vencimento da primeira prestação;
- com juros capitalizados e acrescidos ao saldo devedor.

Características
- A devolução do principal é feita em "n" *parcelas iguais* denominadas: parcelas de amortização. O valor da amortização é facilmente obtido através da divisão do capital emprestado pelo número de prestações.

- Os juros são calculados sobre o saldo devedor anterior, sendo, portanto, de valor decrescente.
- A prestação é a soma da amortização com juros, constituindo uma progressão aritmética decrescente.

8.2.1 Amortização sem carência

Valor do Empréstimo	$ 10.000,00
Prazo de Pagamento	10 meses
Taxa de juros	5% a.m.

Conforme citado anteriormente, o **SAC** determina que a restituição do valor principal (P) seja efetuada em parcelas iguais. Assim, o valor de cada amortização é calculado pela simples divisão entre o principal ($ 10.000,00) e o número fixado de prestações (10 vezes), ou seja:

$$\text{Amortização} = \frac{\text{Valor do Empréstimo}}{n^{\underline{o}} \text{ de Prestações}} = \frac{\$ 10.000,00}{10} = \$ 1.000,00$$

Juros =	Saldo Devedor Anterior × Taxa de Juros (5%)
Prestação =	Valor da Amortização + Valor dos juros

Tabela 8.2 SAC sem carência

Período mês	Saldo Devedor $	Amortização $	Juros $	Prestação $
0	10.000,00	–	–	–
1	9.000,00	1.000,00	500,00	1.500,00
2	8.000,00	1.000,00	450,00	1.450,00
3	7.000,00	1.000,00	400,00	1.400,00
4	6.000,00	1.000,00	350,00	1.350,00
5	5.000,00	1.000,00	300,00	1.300,00
6	4.000,00	1.000,00	250,00	1.250,00
7	3.000,00	1.000,00	200,00	1.200,00
8	2.000,00	1.000,00	150,00	1.150,00
9	1.000,00	1.000,00	100,00	1.100,00
10	–	1.000,00	50,00	1.050,00
Total	–	10.000,00	2.750,00	12.750,00

No exemplo a seguir, serão calculados o valor da prestação, o valor dos juros e o saldo devedor para o 5º mês:

Onde:

PV = Valor Presente;
PMT = Valor da Prestação Periódica;
i = Taxa de Juros;
n = Período Total do Empréstimo;
t = Número da Prestação a ser encontrada;
J = Juros;
SD = Saldo Devedor.

$$\text{PMT} = \frac{PV}{n} \times [1 + (n - t + 1) \times i]$$

$$\text{PMT}_5 = \frac{10.000}{10} \times [1 + (10 - 5 + 1) \times 0{,}05]$$

$$\text{PMT}_5 = 1.000 \times [1 + (6 \times 0{,}05)]$$

$$\text{PMT}_5 = 1.000 \times 1{,}30$$

$$\text{PMT}_5 = \$\ 1.300{,}00$$

Portanto, a prestação no 5º mês será de **$ 1.300,00**.

$$J = \frac{PV}{n} \times (n - t + 1) \times i$$

$$J_5 = \frac{10.000}{10} \times (10 - 5 + 1) \times 0{,}05$$

$$J_5 = 1.000 \times (6 \times 0{,}05)$$

$$J_5 = 1.000 \times 0{,}30$$

$$J_5 = \$\ 300{,}00$$

Sendo assim, os juros da prestação no 5º mês serão de **$ 300,00**.

$$SD = \frac{PV}{n} \times t$$

$$SD_5 = \frac{10.000}{10} \times 5$$

$$SD_5 = 1.000 \times 5$$

$$SD_5 = \$\ 5.000,00$$

O saldo devedor no 5º mês será de **$ 5.000,00**.

8.2.2 Amortização com carência

Valor do Empréstimo	$ 10.000,00
Prazo de Pagamento	10 meses
Taxa de juros	5% a.m.
Carência	2 meses

Tabela 8.3 SAC com carência e pagamento de juros durante essa carência

Período mês	Saldo Devedor $	Amortização $	Juros $	Prestação $
0	10.000,00	–	–	–
1	10.000,00	–	500,00	500,00
2	10.000,00	–	500,00	500,00
3	9.000,00	1.000,00	500,00	1.500,00
4	8.000,00	1.000,00	450,00	1.450,00
5	7.000,00	1.000,00	400,00	1.400,00
6	6.000,00	1.000,00	350,00	1.350,00
7	5.000,00	1.000,00	300,00	1.300,00
8	4.000,00	1.000,00	250,00	1.250,00
9	3.000,00	1.000,00	200,00	1.200,00
10	2.000,00	1.000,00	150,00	1.150,00
11	1.000,00	1.000,00	100,00	1.100,00
12	–	1.000,00	50,00	1.050,00
Total	–	10.000,00	3.750,00	13.750,00

Tabela 8.4 SAC com carência e capitalização de juros para pagamento na primeira prestação

Período mês	Saldo Devedor $	Amortização $	Juros $	Prestação $
0	10.000,00	–	–	–
1	10.500,00	–	–	–
2	11.025,00	–	–	–
3	9.000,00	1.000,00	1.576,25	2.576,25
4	8.000,00	1.000,00	450,00	1.450,00
5	7.000,00	1.000,00	400,00	1.400,00
6	6.000,00	1.000,00	350,00	1.350,00
7	5.000,00	1.000,00	300,00	1.300,00
8	4.000,00	1.000,00	250,00	1.250,00
9	3.000,00	1.000,00	200,00	1.200,00
10	2.000,00	1.000,00	150,00	1.150,00
11	1.000,00	1.000,00	100,00	1.100,00
12	–	1.000,00	50,00	1.050,00
Total	–	10.000,00	3.826,25	13.826,25

A Tabela 8.4 ilustra o plano de amortização da dívida na hipótese de os juros não serem pagos durante a carência.

Neste caso, os encargos são capitalizados e pagos integralmente quando do vencimento da primeira parcela de amortização.

Tabela 8.5 SAC com carência e com capitalização de juros acrescidos ao saldo devedor

Período mês	Saldo Devedor $	Amortização $	Juros $	Prestação $
0	10.000,00	–	–	–
1	10.500,00	–	–	–
2	11.025,00	–	–	–
3	9.922,50	1.102,50	551,25	1.653,75
4	8.820,00	1.102,50	496,13	1.598,63
5	7.717,50	1.102,50	441,00	1.543,50
6	6.615,00	1.102,50	385,88	1.488,38
7	5.512,50	1.102,50	330,75	1.433,25
8	4.410,00	1.102,50	275,63	1.378,13
9	3.307,50	1.102,50	220,50	1.323,00
10	2.205,00	1.102,50	165,38	1.267,88
11	1.102,50	1.102,50	110,25	1.212,75
12	–	1.102,50	55,13	1.157,63
Total	–	11.025,00	3.031,90	14.056,90

A Tabela 8.5 mostra uma situação em que os juros não pagos durante a carência são capitalizados e distribuídos uniformemente no fluxo de amortização.

É interessante notar, nas três hipóteses de carência, o valor total dos pagamentos. Segue, o montante de cada um:

Hipóteses de carência	Valor Total dos Pagamentos
Com pagamento dos juros	$ 13.750,00
Com capitalização dos juros	$ 13.826,25
Com capital dos juros acrescido no saldo devedor	$ 14.056,90

8.2.3 Programa para cálculo da tabela SAC

O programa a seguir realiza o cálculo de um financiamento pelo Sistema de Amortização Constante (SAC), sem carência, obtendo ao final do mesmo a planilha completa do financiamento.

Teclas (inserção de dados)						Visor		Significado
f	P/R					00- PRGM		entra no modo programação
f	PRGM					00- PRGM		limpa programas antigos
RCL	PV	RCL	n	÷		03-	10	calcula a amortização
STO	0	R/S				05-	31	armazena amortização
RCL	i	RCL	PV	×	R/S	09-	31	calcula juros
RCL	0	+	R/S			12-	31	calcula prestação
1	STO	1				14- 44	1	número da prestação
RCL	PV	RCL	0	−	PV	R/S	19-	31	saldo devedor
RCL	n	RCL	1	−		22-	30	prestação restante
g	X=0					23- 43 35		testa fim de parcelas
g	GTO	0	0			24- 43.33 00		final de programa
g	GTO	0	6			25- 43.33 06		*loop* de cálculo
f	P/R					0,00		sai do modo programação

Para exemplificar o cálculo do Sistema de Amortização Constante, analise o seguinte exercício: considere um financiamento de $ 10.000,00 pelo prazo de 4 meses a juros de 5% a.m.

Na HP 12C, tem-se:

Teclas (inserção de dados)			Visor	Significado
	f	REG	0,00	limpa registro
10000	PV		10.000,00	valor do financiamento
0.05	i		0,05	taxa de juros
4	n		4,00	prazo
	R/S		2.500,00	valor da amortização constante
	R/S		500,00	juros da 1ª prestação
	R/S		3.000,00	1ª prestação
	R/S		7.500,00	saldo devedor
	R/S		375,00	juros da 2ª prestação
	R/S		2.875,00	2ª prestação
	R/S		5.000,00	saldo devedor
	R/S		250,00	juros da 3ª prestação
	R/S		2.750,00	3ª prestação
	R/S		2.500,00	saldo devedor
	R/S		125,00	juros da 4ª prestação
	R/S		2.625,00	4ª prestação
	R/S		0,00	saldo devedor

A correspondente planilha gera os seguintes valores:

n	Saldo Devedor $	Amortização $	Juros $	Prestação $
0	10.000,00	–	–	–
1	7.500,00	2.500,00	500,00	3.000,00
2	5.000,00	2.500,00	375,00	2.875,00
3	2.500,00	2.500,00	250,00	2.750,00
4	0,00	2.500,00	125,00	2.625,00

Na realidade, essas diferenças não estão efetivamente significando elevações no custo relativo da dívida. O que ocorre é um maior prazo na restituição do capital emprestado, o que determina maiores valores de juros.

8.2.4 Sistema de Amortização Crescente (SACRE)

Consiste em um sistema de amortização variante do *SAC*, mantendo as prestações constantes, com parcelas de amortização crescentes e juros decrescentes. A cada ano completado é feita uma revisão no valor da prestação, que normalmente reduzirá o valor a ser pago.

A prestação é recalculada a cada 12 meses com base no número de prestações a vencer pelo saldo devedor do período anterior. Deve-se observar que a instituição financeira pode ainda acrescer à prestação uma taxa de administração e um seguro. Existe ainda o critério de correção do saldo devedor, por um indicador que, no caso, será considerado a Taxa Referencial (TR).

Exemplo

Valor do Empréstimo	$ 50.000,00
Prazo de Pagamento	36 meses
Taxa de juros	1% a.m.
Fator de Correção	1,004

Onde:

PV = Valor Presente;
PMT = Valor da Prestação Periódica;
Amort = Valor da Amortização;
i = Taxa de Juros;
n = Período Total do Empréstimo;
t = Número da Prestação a ser encontrada;
J = Juros;
SD = Saldo Devedor.

Tabela 8.6 Tabela de Amortização do Sistema SACRE

	Saldo Devedor $	Amortização $	Juros $	PMT $	Saldo Corrigido $
0	50.000,00				
1	48.813,11	1.386,89	502,00	1.888,89	50.200,00
2	47.609,56	1.398,81	490,08	1.888,89	49.008,36
3	46.389,11	1.410,89	478,00	1.888,89	47.800,00

continua

	Saldo Devedor $	Amortização $	Juros $	PMT $	Saldo Corrigido $
4	45.151,52	1.423,14	465,75	1.888,89	46.574,66
5	43.896,56	1.435,57	453,32	1.888,89	45.332,13
6	42.623,98	1.448,17	440,72	1.888,89	44.072,15
7	41.333,53	1.460,94	427,94	1.888,89	42.794,48
8	40.024,96	1.473,90	414,99	1.888,89	41.498,86
9	38.698,03	1.487,04	401,85	1.888,89	40.185,06
10	37.352,46	1.500,36	388,53	1.888,89	38.852,82
11	35.988,00	1.513,87	375,02	1.888,89	37.501,87
12	34.604,38	1.527,57	361,32	1.888,89	36.131,95
13	33.302,33	1.440,46	347,43	1.787,89	34.742,80
14	31.982,00	1.453,54	334,36	1.787,89	33.435,54
15	30.643,14	1.466,79	321,10	1.787,89	32.109,93
16	29.285,48	1.480,24	307,66	1.787,89	30.765,71
17	27.908,75	1.493,87	294,03	1.787,89	29.402,62
18	26.512,70	1.507,69	280,20	1.787,89	28.020,39
19	25.097,04	1.521,71	266,19	1.787,89	26.618,75
20	23.661,51	1.535,92	251,97	1.787,89	25.197,43
21	22.205,83	1.550,33	237,56	1.787,89	23.756,16
22	20.729,70	1.564,95	222,95	1.787,89	22.294,65
23	19.232,85	1.579,77	208,13	1.787,89	20.812,62
24	17.714,99	1.594,80	193,10	1.787,89	19.309,79
25	16.310,31	1.475,54	177,86	1.653,40	17.785,85
26	14.885,91	1.489,64	163,76	1.653,40	16.375,55
27	13.441,51	1.503,94	149,45	1.653,40	14.945,45
28	11.976,83	1.518,45	134,95	1.653,40	13.495,27
29	10.491,58	1.533,15	120,25	1.653,40	12.024,73
30	8.985,48	1.548,06	105,34	1.653,40	10.533,55
31	7.458,24	1.563,18	90,21	1.653,40	9.021,43
32	5.909,56	1.578,52	74,88	1.653,40	7.488,07
33	4.339,13	1.594,07	59,33	1.653,40	5.933,19
34	2.746,65	1.609,83	43,56	1.653,40	4.356,48
35	1.131,81	1.625,83	27,58	1.653,40	2.757,64
36	– 505,70	1.642,04	11,36	1.653,40	1.136,34

O programa a seguir calcula linha por linha do sistema SACRE de amortização:

Teclas (inserção de dados)							Visor	Significado
f	P/R						00- PRGM	entra no modo programação
f	PRGM						00- PRGM	limpa programas antigos
RCL	PV						01- 45 13	recupera vlr. do empréstimo
RCL	n	RCL	0	–			04- 30	diferença entre cálculos dos prazos
g	X=0						05- 43 35	teste de final de *loop*
g	GTO	0	0				06- 43.33 00	fim do *loop*
÷	STO	1					08- 44 1	armazena cálculo da prestação
12	STO	+	0				11- 44 40 0	armazena prazo fixo de cálculo
RCL	i						12- 45 12	recupera taxa de juros
RCL	PV	×	RCL	1	+	R/S	17- 31	cálculo da prestação
STO	1						18- 44 1	armazena vlr. da prestação
RCL	PV						19- 45 13	recupera saldo devedor
RCL	PMT	×	PV	R/S			23- 31	saldo devedor corrigido
RCL	PV	RCL	i	×	R/S		27- 31	recupera saldo devedor e juros da parcela
RCL	1	–	R/S				30- 31	vlr. da amortização
RCL	PV	+	PV	R/S			34- 31	saldo devedor
1	STO	+	2				36- 44 40 2	nº das prestações
RCL	0	RCL	2	–	g	X=0	40- 43 35	teste de final de período
g	GTO	0	1				41- 43.33 01	retoma *loop* de cálculo
g	GTO	1	9				42- 43.33 19	*loop* de cálculo
f	P/R						0,00	sai do modo programação

Para executar o programa de cálculo do sistema SACRE, considere o exemplo da planilha anterior:

Teclas (inserção de dados)			Visor	Significado
	f	REG	0,00	limpa registro
50000	PV		50.000,00	valor do empréstimo
0.01	i		0,01	taxa de juros
1.004	PMT		1,004	fator da TR p/atualizar saldo devedor
36	n		36,00	Prazo
	R/S		1.888,89	vlr. das primeiras 12 PMT
	R/S		50.200,00	saldo devedor corrigido
	R/S		502,00	juros
	R/S		– 1.386,89	amortização
	R/S		48.813,11	saldo devedor após pgto 1ª PMT

Repetindo o comando R/S, serão informados a partir deste ponto o saldo devedor corrigido, o valor dos juros, a amortização e saldo devedor até a 12ª prestação, quando haverá o recálculo da prestação. Não será necessário nenhum comando extra, pois o programa já reconhece o recálculo feito a cada 12 meses. Os resultados são demonstrados na Tabela 8.6.

Exercícios propostos

1. Um empréstimo de $ 1.000,00 é concedido à taxa de juros de 12% ao ano, sendo pago em 4 prestações mensais, iguais e sucessivas (Tabela Price). Elaborar a planilha financeira deste empréstimo, ou seja, as partes referentes aos juros, principal e saldo devedor relativos a cada um dos meses considerados.

2. Num financiamento de $ 2.000,00 em 18 parcelas mensais sem entrada a uma taxa de 4,5% ao mês, qual é o total de juros pagos? (Tabela Price)

3. Um investidor está negociando a compra de um terreno em um loteamento no valor de $ 50.000,00. Para isso propõe amortizar a dívida com os seguintes pagamentos:

   1º mês: $ 8.000,00

   2º mês: $ 12.000,00

   3º mês: $ 15.000,00

   4º mês: $ 15.000,00

   Sendo de 2,0% a.m. a taxa de juros, projete os cálculos dos pagamentos mensais (saldo devedor, amortização, juros e prestação) para o investidor.

4. Considere um financiamento no valor de $ 100.000,00 a juros de 12% a.a. com capitalização mensal, em 48 meses (0+48) amortizado pela Tabela Price. Pedem-se:
   a) o valor de cada uma das prestações.
   b) o valor dos juros, amortização e saldo devedor referente a 30ª prestação.

5. Uma pessoa obtém um financiamento no valor de $ 7.600,00 para a compra de um veículo a ser pago em 16 prestações mensais iguais e consecutivas. Sabendo-se que a primeira prestação vence um mês após a data do contrato e que a taxa de juros foi de 1,85% ao mês, calcular o valor das prestações, a soma das parcelas de juros e das parcelas de amortização correspondentes às 6 primeiras prestações e o saldo devedor restante.

6. Um empréstimo no valor de $ 400,00 deve ser pago em três parcelas mensais iguais, com a primeira vencendo 30 dias após a liberação do principal. A taxa acordada para a operação foi de 4% a.m. Qual é o valor dos juros e da amortização quitada em cada parcela?

7. Um empréstimo de $ 16.000,00 deve ser quitado em quatro parcelas mensais mediante o emprego do Sistema de Amortização Constante. A taxa de juros mensal da operação é igual a 2%. Calcule o valor de cada parcela, sabendo que a primeira será paga dentro de 30 dias.

8. Um financiamento de $ 12.000,00 deve ser liquidado mediante o pagamento de 15 prestações mensais, iguais e sucessivas. A 1ª prestação ocorre 30 dias após a liberação dos recursos. Sabendo que a taxa efetiva desse financiamento, a juros compostos, é de 2% ao mês, determine o valor do saldo devedor, imediatamente após o pagamento da 5ª prestação.

9. Considere um financiamento de R$ 10.000,00, pago em 5 parcelas mensais, com carência de 3 meses. A taxa de juros a ser utilizada nesta operação é de 1,5% ao mês. Elaborar a planilha de amortização pelo Sistema de Amortização Constante, admitindo que durante o período de carência os juros sejam pagos normalmente.

Respostas dos exercícios

1)

n	Saldo devedor	Amortização	Juros	Prestação
0	1.000,00	–	–	–
1	753,72	246,28	10,00	256,28
2	504,98	248,74	7,54	256,28
3	253,75	251,23	5,05	256,28
4	–	253,74	2,54	256,28

2) $ 960,53

3)

n	Saldo devedor	Amortização	Juros	Prestação
0	50.000,00	–	–	–
1	42.000,00	8.000,00	1.000,00	9.000,00
2	30.000,00	12.000,00	840,00	12.840,00
3	15.000,00	15.000,00	600,00	15.600,00
4	–	15.000,00	300,00	15.300,00

4) a) $ 2.633,38   b) J = $ 453,63; Amort. = 2.179,75; SD = – 43.183,08

5) Prestação = $ 553,11; total juros = $ 726,26; Amortizações = 2.592,41; SD = – 5.007,59

6)

n	Saldo devedor	Amortização	Juros	Prestação
0	400,00	–	–	–
1	271,86	128,14	16,00	144,14
2	138,59	133,27	10,87	144,14
3	–	138,59	5,54	144,14

7)

n	Prestação
1	4.320,00
2	4.240,00
3	4.160,00
4	4.080,00

8) $ 8.388,87

9)

n	Saldo devedor	Amortização	Juros	Prestação
0	10.000,00	–	–	–
1	10.000,00	–	150,00	150,00
2	10.000,00	–	150,00	150,00
3	10.000,00	–	150,00	150,00
4	8.000,00	2.000,00	150,00	2.150,00
5	6.000,00	2.000,00	120,00	2.120,00
6	4.000,00	2.000,00	90,00	2.090,00
7	2.000,00	2.000,00	60,00	2.060,00
8	–	2.000,00	30,00	2.030,00

9
FLUXO DE CAIXA E ANÁLISE DE INVESTIMENTOS

Objetivo do capítulo

O capítulo emprega os diversos recursos da programação da HP 12C na avaliação de investimentos. São estudados os mais importantes métodos de análise e desenvolvidos programas de cálculo.

A calculadora possibilita também efetuar os cálculos de fluxo de caixa utilizando um recurso de programação já disponível na HP 12C. (Ver "Manual do Proprietário e Guia para Solução de Problemas", Seção 13).

Antes de mostrar como proceder para utilizar os recursos da programação na calculadora, são detalhados os comandos utilizados:

Figura 9.1 Diagrama da programação dos Fluxos de Caixa na HP 12C

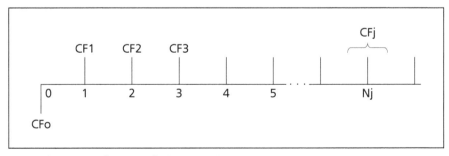

Nomenclatura para fluxos variáveis na HP 12C.

a) Antes de qualquer cálculo devem-se zerar os registros e, para isso, pode-se utilizar uma das sequências de teclas: [f] [x≷y](FIN) ou [f] [CLx](REG).

b) O comando [g] [PV] (CFo) é utilizado para informar a parcela do fluxo de caixa na data zero, também conhecido como valor atual.

c) O comando [g] [PMT] (CFj) é utilizado para informar os demais valores, devendo obedecer rigorosamente à ordem cronológica. Quando não houver valor na data, informa-se zero no registro.

d) Cada vez que [PMT] (CFj) é pressionado, seu valor vai para a memória de uso geral de ordem j. Sem ter limpado a memória, ao se pressionar: [RCL] [0] [RCL] [1] etc., observam-se os valores do fluxo acima. Esses valores também podem ser alterados via [STO] sem que todo o fluxo tenha que ser novamente introduzido.

e) O fluxo máximo terá 20 valores diferentes [PMT] (CFj) sendo que cada valor poderá ser repetido até 99 vezes [FV] (Nj). No caso da HP 12C *Platinum* e *Prestige*, o fluxo máximo aceito pela calculadora é de 80 valores diferentes com também 99 repetições.

f) O comando [g] [FV] (Nj) é utilizado para informar quantas vezes um determinado valor se repete na sequência, sem qualquer interrupção, nem mesmo por período sem valor. Para utilizar esse comando, deve-se informar um valor e digitar [g] [PMT] (CFj).

g) Na sequência digita-se o número correspondente à quantidade de vezes que o valor informado se repete e pressiona-se [g] [FV] (Nj). Cada número informado através do comando não pode ter mais de dois dígitos, isto é, o maior dado deve ser 99 para cada vez que for utilizado este comando: [g] [FV] (Nj), exceto nas HP 12C *Platinum* e *Prestige* conforme descrito no item acima.

h) Deve ser informado apenas um valor para cada data.

i) Para cada intervalo deve ser informado obrigatoriamente um valor, mesmo que este seja zero.

j) Cada vez que [PMT] (CFj) é pressionado, o valor de **n** aumenta de 1. Quando o fluxo é calculado (**IRR** ou **NPV**), o valor de **n** indica até onde, na memória, a calculadora irá buscar os valores do fluxo.

9.1 Análise de investimentos

A Calculadora Financeira HP 12C possui programas para análise de investimentos, através de dois métodos de avaliação de fluxos de caixa amplamente utilizados:

> **NPV (*Net Present Value*) = Valor Presente Líquido**
> **IRR (*Internal Rate of Return*) = Taxa Interna de Retorno**

Esses dois métodos consistem basicamente em se comparar a soma algébrica dos valores presentes de cada um dos fluxos futuros de caixa (recebimentos e pagamentos), com o valor do fluxo de caixa inicial (recebimento ou pagamento) ocorrido "hoje", onde esses valores presentes são calculados de acordo com o regime de capitalização composta e com base em dada taxa de juros.

Tais funções permitem que seja efetuada a análise de problemas financeiros envolvendo fluxos de caixa (dinheiro pago ou recebido) ocorrendo em intervalos de tempo regulares. De maneira idêntica à dos fluxos de caixa, pode ser qualquer período de tempo e seus montantes não precisam ser idênticos.

9.2 Valor presente líquido

O valor presente líquido, **NPV** (*Net Present Value*) é uma técnica de análise de fluxos de caixa que consiste em calcular o valor presente de uma série de pagamentos (ou recebimentos) iguais ou diferentes a uma taxa conhecida, e deduzir deste valor o fluxo inicial (valor do empréstimo, do financiamento ou do investimento), ou seja:

$$NPV = \sum_{j=1}^{n} \frac{CF_j}{(1+i)^j} - CF_0$$

Essa técnica, criada inicialmente para análise de projetos de investimentos, foi bastante difundida numa época em que os instrumentos disponíveis para cálculos eram extremamente precários.

Assim, ao analisar a conveniência da compra de um ativo, fixa-se a taxa mínima de retorno desejada, e com base nesta, calcula-se o valor presente das receitas líquidas estimadas para os próximos meses ou anos, que são geradas pelo valor de compra do equipamento.

Se resultar num valor positivo, o investimento será considerado atraente, visto que, neste caso, a taxa efetiva de retorno será maior ou, pelo menos, igual à taxa mínima de retorno fixada; se a diferença fosse negativa, o equipamento não seria adquirido.

Resumindo

- Se **NPV** é negativo, a taxa de retorno apresenta-se menor do que a desejada.
- Se **NPV** é igual a zero, a taxa de retorno é igual à desejada.
- Se **NPV** é positivo, a taxa de retorno é maior do que a desejada.

Uma comparação das alternativas de investimentos, em função de **NPV**, indica qual delas é a mais desejável; quanto maior for o **NPV**, maior será a taxa de retorno efetiva do investimento.

Exemplos

1. Admita os seguintes fluxos de caixa:

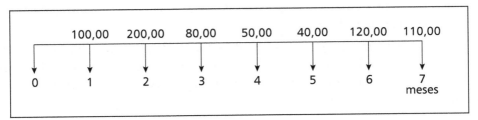

Para uma taxa de juros de 1,5% ao mês, calcular o valor presente dos fluxos.

Matematicamente tem-se:

$$PV = \frac{100,00}{(1+0,015)^1} + \frac{200,00}{(1+0,015)^2} + \frac{80,00}{(1+0,015)^3} + \frac{50,00}{(1+0,015)^4} + \frac{40,00}{(1+0,015)^5} + \frac{120,00}{(1+0,015)^6} + \frac{110,00}{(1+0,015)^7}$$

PV= $ 662,26

Na HP 12C:

Teclas (inserção de dados)			Visor	Significado
	f	REG	0,00	limpa todos os registradores
100	g	CFj	100,00	valor do fluxo no 1º mês
200	g	CFj	200,00	valor do fluxo no 2º mês
80	g	CFj	80,00	valor do fluxo no 3º mês
50	g	CFj	50,00	valor do fluxo no 4º mês
40	g	CFj	40,00	valor do fluxo no 5º mês
120	g	CFj	120,00	valor do fluxo no 6º mês
110	g	CFj	110,00	valor do fluxo no 7º mês
1.5	i		1,5	taxa de juros é 1,5% a.m.
	f	NPV	662,26	valor presente na data zero

2. Admita, agora, o seguinte fluxo de caixa não periódico:

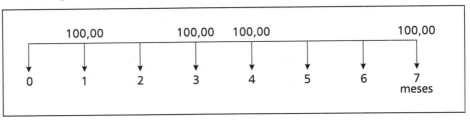

Para uma taxa de juros de 2% ao mês, calcular o valor presente:

$$PV = \frac{100{,}00}{(1 + 0{,}02)^1} + \frac{100{,}00}{(1 + 0{,}02)^3} + \frac{100{,}00}{(1 + 0{,}02)^4} + \frac{100{,}00}{(1 + 0{,}02)^7} = \$\,371{,}71$$

Na HP 12C:

Teclas (inserção de dados)			Visor	Significado
	f	REG	0,00	limpa todos os registradores
100	g	CFj	100,00	valor do fluxo no 1º mês
0	g	CFj	0,00	vlr. do fluxo no 2º mês (vlr. não informado, atribui-se 0)
100	g	CFj	100,00	valor do fluxo no 3º mês
2	g	Nj	2,00	repete o fluxo de caixa acima por 2 meses
0	g	CFj	0,00	como o vlr. do fluxo não é informado substitui-se por 0
2	g	Nj	2,00	repete o fluxo acima por 2 meses
100	g	CFj	100,00	valor do fluxo no 7º mês
2	i		2,00	taxa de juros de 2% ao mês
	f	NPV	371,71	**valor presente na data zero**

3. Calcular o coeficiente de financiamento para um empréstimo a ser pago em 5 prestações iguais, vencíveis respectivamente ao final dos seguintes meses: janeiro, março, junho, julho e dezembro. A taxa de juros cobrada nesta operação é de 1,8% ao mês.

Solução:

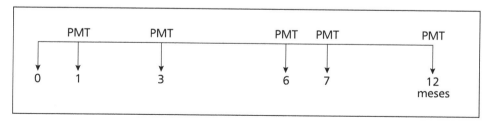

Como já foi explicado, o coeficiente de financiamento é calculado para cada unidade de capital emprestado, que se pode colocar no lugar do valor da prestação a unidade monetária (1):

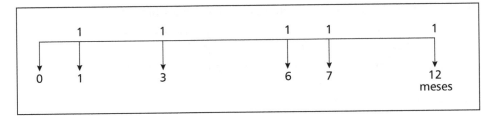

Assim, o cálculo do coeficiente ficaria:

$$CF = \frac{1}{\dfrac{1}{(1{,}018)^1} + \dfrac{1}{(1{,}018)^3} + \dfrac{1}{(1{,}018)^6} + \dfrac{1}{(1{,}018)^7} + \dfrac{1}{(1{,}018)^{12}}}$$

Na HP 12C, pode-se interpretar o fluxo acima, atribuindo zero para os meses em que não ocorre pagamento:

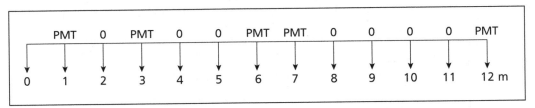

Teclas (inserção de dados)			Visor	Significado
	f	REG	0,00	limpa todos os registradores
1	g	CFj	1,00	valor do fluxo no 1º mês
0	g	CFj	0,00	valor do fluxo no 2º mês
1	g	CFj	1,00	valor do fluxo no 3º mês
0	g	CFj	0,00	valor do fluxo no 4º mês
2	g	Nj	2,00	repete 0 fluxo acima por 2 vezes
1	g	CFj	1,00	valor do fluxo no 6º mês
2	g	Nj	2,00	repete o fluxo acima por 2 vezes
0	g	CFj	0,00	valor do fluxo no 8º mês
4	g	Nj	4,00	repete o fluxo acima por 4 vezes
1	g	CFj	1,00	valor do fluxo no 12º mês
1,8	i		1,80	taxa de juros de 1,8% a.m.
	f	NPV	4,518583	valor do numerador do coeficiente
	1/x		0,221308	coeficiente para as prestações

Portanto, um financiamento em 5 prestações pagas nos meses descritos anteriormente tem como coeficiente de financiamento o número 0,221308, para uma taxa de juros de 1,8% a.m. Para calcular o valor de cada prestação a ser paga, basta multiplicar o coeficiente encontrado pelo valor do financiamento.

4. Determinar o coeficiente de financiamento e o valor das prestações de uma operação de financiamento a ser pago em 18 prestações mensais e iguais com carência de um trimestre. Admita uma taxa de juros de 2,87% a.m.

Solução:

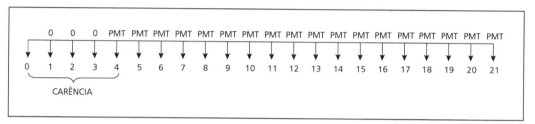

Na HP 12C fica:

Teclas (inserção de dados)			Visor	Significado
	f	REG	0,00	limpa todos os registradores
0	g	CFj	0,00	valor do fluxo no 1º mês
3	g	Nj	3,00	repete o valor do fluxo por 3 vezes
1	g	CFj	1,00	valor do fluxo no 4º mês
18	g	Nj	18,00	repete 0 fluxo acima por 18 vezes
2,87	i		2,87	taxa de juros de 2,87% a.m.
	f	NPV	12,774176	valor do numerador do coeficiente
	1/x		0,078283	coeficiente para as prestações

Sendo de $ 2.500,00 o valor do financiamento, tem-se o seguinte:

PMT = 2.500,00 × 0,078283

PMT = $ 195,71 (Valor de cada pagamento mensal)

9.3 Taxa interna de retorno

A taxa interna de retorno (TIR, ou IRR – *Internal Rate of Return*) é a taxa que equaliza o valor presente de um ou mais pagamentos (saídas de caixa) com o valor presente de um ou mais recebimentos (entradas de caixa). Como normalmente há um fluxo de caixa inicial (no momento "zero") que representa o valor do investimento, ou do empréstimo ou do financiamento, e diversos fluxos futuros de caixa representando os valores das receitas, ou das prestações, a equação que determina a taxa interna de retorno pode ser escrita como segue:

$$CF_0 = \sum_{j=1}^{n} \frac{CF_j}{(1+i)^j}$$

Suponha que se tenha calculado um **NPV** não nulo. Isso indica que o rendimento (taxa de retorno) real do investimento é diferente daquele especificado pelo analista.

Esta taxa real é chamada de taxa interna de retorno – **IRR** (*Internal Rate Return*) – e é a taxa sob a qual **NPV** se iguala a zero.

Ao invés de comparar as alternativas de investimento em função do **NPV**, pode-se desejar comparar suas taxas de retorno reais, ou seja, suas **IRR**, ou então simplesmente determinar a **IRR** de um plano de investimento simples.

Observação! Ao introduzir os fluxos de caixa, particularmente o investimento inicial [PV] (CFo), lembre-se de observar a convenção do fluxo de caixa, pressionando [CHS] após a introdução de um fluxo de caixa negativo.

Exemplo

Um investidor tem a oportunidade de adquirir uma propriedade por $ 9.900,00 e ele gostaria de ter um retorno de 12%. Ele espera poder vendê-la em 10 anos por $ 12.000,00, e prevê que os fluxos de caixa anuais referentes aos aluguéis anuais e valor de venda são os apresentados na tabela abaixo:

Ano	Fluxo de Caixa	Ano	Fluxo de caixa
1	$ 1.700	6	$ 1.210,00
2	$ 1.400	7	$ 1.200,00
3	$ 1.300	8	$ 1.200,00
4	$ 1.300	9	$ 750,00
5	$ 1.300	10	$ 12.000,00

Solução:

Teclas (inserção de dados)				Visor	Significado
	f	REG		0,00	limpa todos os registradores
9900	CHS	g	CFo	– 9.900,00	valor do fluxo inicial
1700	g	CFj		1.700,00	valor do fluxo no 1º ano
1400	g	CFj		1.400,00	valor do fluxo no 2º ano
1300	g	CFj		1.300,00	valor do fluxo no 3º ano
3	g	Nj		3,00	repete o fluxo de caixa acima
1210	g	CFj		1.210,00	valor do fluxo no 6º ano
1200	g	CFj		1.200,00	valor do fluxo no 7º ano
2	g	Nj		2,00	repete o fluxo de caixa acima
750	g	CFj		750,00	valor do fluxo no 9º ano
12000	g	CFj		12.000,00	valor do fluxo no 10º ano
12	i			12,00	taxa de juros de 12%
	f	NPV		997,71	valor presente na data zero

Como o **NPV** é positivo, $ 997,71, conclui-se que o investimento excedeu o retorno de 12% desejado:

[f] [FV](IRR) = **13,82%**

Observação! Lembre-se que a função IRR leva um tempo até obter a resposta, durante o qual a calculadora apresentará a palavra *running* (em execução).

9.3.1 Alterando as introduções de fluxos de caixa

Com os fluxos de caixa já armazenados na calculadora, admita trocar o valor de CF_2 de $ 1.400,00 por $ 130,00 e calcular então o novo NPV e a nova IRR.

Solução:

130	STO	2
12	i	
	[PV](NPV)	= – 14,73

Como este **NPV** é negativo, o investimento não alcançou a taxa desejada de 12%, apresentando um retorno de 11,97%.

> Há casos em que **IRR** não existe, ou então possui vários valores simultâneos. Isso geralmente ocorre quando o fluxo possui mais de uma inversão de sinal (os lançamentos do fluxo ora são positivos, ora são negativos).
>
> Em tais casos, o cálculo da **IRR** poderá ocasionar mensagens de erro (ERROR 3). É recomendado não usar a **IRR** em tais situações. O **NPV** geralmente constitui o melhor método de análise.

Exemplos

1. Determinar a taxa interna de retorno referente a um empréstimo de $ 12.690,00 a ser liquidado em quatro pagamentos mensais e consecutivos de $ 2.500,00, $ 3.800,00, $ 4.500,00 e $ 2.700,00.

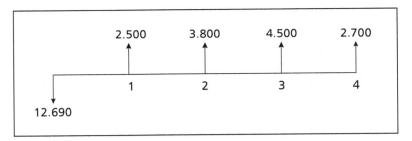

A formulação para o problema apresenta-se:

$$12.690{,}00 = \frac{2.500}{(1 + IRR)^1} + \frac{3.800}{(1 + IRR)^2} + \frac{4.500}{(1 + IRR)^3} + \frac{2.700}{(1 + IRR)^4}$$

Na HP 12C:

Teclas (inserção de dados)				Visor	Significado
12690	CHS	g	CFo	– 12.690,00	valor do fluxo inicial
2500	g	CFj		2.500,00	valor do fluxo no 1º mês
3800	g	CFj		3.800,00	valor do fluxo no 2º mês
4500	g	CFj		4.500,00	valor do fluxo no 3º mês
2700	g	CFj		2.700,00	valor do fluxo no 4º mês
	f	IRR		2,47	2,47% taxa interna de retorno

No exemplo, o custo do empréstimo é de 2,47% a.m.

2. Uma aplicação financeira envolve uma saída de caixa de $ 47.000,00 no momento inicial, e os seguintes benefícios esperados de caixa ao final dos três meses imediatamente posteriores: $ 12.000,00; $ 15.000,00 e $ 23.000,00. Determine a rentabilidade mensal efetiva dessa operação.

Solução:

$$47.000,00 = \frac{12.000}{(1+IRR)^1} + \frac{15.000}{(1+IRR)^2} + \frac{23.000}{(1+IRR)^3}$$

Na HP 12C:

Teclas (inserção de dados)				Visor	Significado
47000	CHS	g	CFo	– 47.000,00	valor do fluxo inicial
12000	g	CFj		12.000,00	valor do fluxo no 1º mês
15000	g	CFj		15.000,00	valor do fluxo no 2º mês
23000	g	CFj		23.000,00	valor do fluxo no 3º mês
	f	IRR		2,84	2,84% a.m. taxa interna de retorno

9.4 Outros métodos de análise

Considere dois projetos de investimentos, com custo de capital de 10% a.a.

Ano	Projeto A $	Projeto B $
0	– 100,00	– 100,00
1	40,00	52,00
2	45,00	50,00
3	35,00	20,00
4	25,00	20,00

O cálculo do valor presente líquido e da taxa interna de retorno do Projeto A pode ser obtido diretamente da HP 12C:

Teclas (inserção de dados)				Visor	Significado
	f	REG		0,00	limpa registros
100	CHS	g	CFo	– 100,00	valor do fluxo inicial
40	g	CFj		40,00	valor do fluxo no 1º ano
45	g	CFj		45,00	valor do fluxo no 2º ano
35	g	CFj		35,00	valor do fluxo no 3º ano
25	g	CFj		25,00	valor do fluxo no 4º ano
10	i			10,00	taxa de juros
	f	NPV		16,93	vlr presente líquido (NPV= $ 16,93)
	f	IRR		18,23	Taxa interna de retorno (IRR = 18,23% a.a.)

9.4.1 Custo equivalente anual

O custo equivalente anual é uma medida que representa a distribuição uniforme dos fluxos de caixa por todos os anos de vigência do projeto. Essa medida é mais indicada para análise de projetos de investimento com períodos de vigência diferentes.

Para o projeto A, pode-se calcular o NPV equivalente uniforme:

Teclas (inserção de dados)				Visor	Significado
	f	REG		0,00	limpa registros
16.93	CHS	PV		– 16,93	NPV do projeto
10	i			10,00	custo de capital
4	n			4,00	prazo do projeto
g	END	PMT		5,34	custo equivalente anual

Para o projeto B tem-se: NPV equivalente anual igual a $ 5,45. Obviamente, quanto maior, mais atrativo é projeto, sendo o B o mais indicado.

9.4.2 Análise gráfica e ponto de Fischer

Pôde-se observar que os métodos de análise de investimento são sensíveis na medida do custo de capital (taxa de desconto), ou seja, qualquer alteração no custo de capital pode impactar diretamente nos resultados e nas análises.

Para melhor entendimento dos critérios, podem-se simular taxas de custo de capital, respeitando como limite extremo, para efeito de simplicidade de cálculo, a maior das IRRs dos projetos analisados. Dessa forma, poderíamos supor que o custo de capital poderia variar entre as medidas indicadas, dentro de uma escala aleatória.

i	NPV do Projeto A	NPV do Projeto B
0%	45,00	42,00
5%	29,71	28,61
10%	16,93	17,28
15%	6,12	7,61
20%	– 3,11	– 0,73

Plotando esses valores, tem-se o seguinte gráfico:

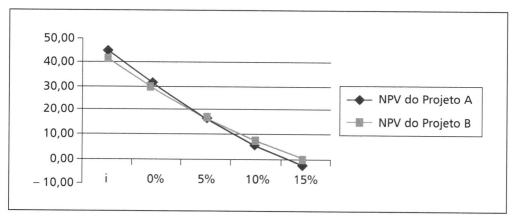

Note que existe um ponto no gráfico no qual não existe diferença entre as análises: produz o mesmo NPV. Esse ponto de indiferença é chamado de Interseção de Fischer. Seu cálculo é feito pelo Fluxo de Caixa Incremental dos fluxos dos projetos, da seguinte forma:

	Projeto A $	Projeto B $	Incremental A – B $
Ano 0	– 100	– 100	– 100 – (–100) = 0
Ano 1	40	52	40 – 52 = –12
Ano 2	45	50	45 – 50 = –5
Ano 3	35	20	35 – 20 = 15
Ano 4	25	20	25 – 20 = 5

O ponto de Fischer nada mais é do que a taxa interna de retorno do Fluxo de Caixa Incremental.

Teclas (inserção de dados)				Visor	Significado
	f	REG		0,00	limpa registros
0	g	CFo		0,00	fluxo inicial
12	CHS	g	CFj	– 12,00	fluxo do ano 1
5	CHS	g	CFj	– 5,00	fluxo do ano 2
15	g	CFj		15,00	fluxo do ano 3
5	g	CFj		5,00	fluxo do ano 4
	f	IRR		8,66	Ponto de Fischer (8,66%)

A IRR incremental representa a taxa de juros que torna os dois projetos equivalentes em termos de atratividade econômica, produzindo o mesmo NPV. Para uma taxa de custo de capital de até 8,66% a.a., o projeto A é preferível ao B, por apresentar maior riqueza líquida (maior NPV).

A partir de 8,66% a.a., no entanto, o projeto B passa a ser mais vantajoso. Como o custo de capital dado é 10% a.a., o projeto B é o que promove, para esta taxa de desconto, a melhor atratividade econômica.

9.5 Programa de cálculo do *payback* descontado

O período de *payback* consiste na determinação do período de tempo necessário para que o desembolso inicial de capital seja recuperado por meio das entradas (benefícios de caixa gerados) de caixa promovidas pelo investimento.

Teclas (inserção de dados)				Visor	Significado
f	P/R			00- PRGM	entra no modo de programação
f	PRGM			00- PRGM	limpa programas antigos
FV				01- 15	armazena valor do fluxo em FV
PV				02- 13	calcula o PV
STO	1			03- 44 1	armazena PV no registro 1
+				04- 40	deduz o valor do 1º fluxo
0	X<>Y			06- 34	informa o valor 0 no registro Y
g	x≤y			07- 43 34	teste de fim de cálculo do *payback*
g	GTO	1	7	08-43.33 17	desvio do *loop* cálculo para linha 17
ENTER				09- 36	repete fluxo do registro Y

continua

Teclas (inserção de dados)				Visor		Significado
RCL	n			10-	45 11	recupera número da parcela
1	+			12-	40	incrementa prazo
n				13-	11	armazena valor do prazo
X<>Y				14-	34	inverte valores
R/S				15-	31	parada para entrada do próximo fluxo
g	GTO	0	1	16-43.33 01		retorna *loop* de cálculo
RCL	1			17-	45 1	recupera valor registro 1
–				18-	30	retorna vlr. do fluxo negativo
RCL	1	CHS	÷	21-	10	resultado da divisão do fluxo final do *payback*
RCL	n			22-	45 11	recupera prazo
1	–	+		25-	40	período de *payback*
f	P/R				0,00	sai do modo de programação

O *payback* descontado trabalha com a metodologia do fluxo de caixa descontado que considera o valor do dinheiro no tempo, computando os ingressos de caixa descontados dos juros (custo de capital), conforme sua ocorrência no tempo.

Para executar o programa de cálculo do *payback* descontado, seja um projeto de investimento conforme tabela a seguir, cujo custo de capital é 15% a.a.

Ano	Valor FC	FC Descontado
0	– 24.000	– 24.000
1	10.000	8.695,65
2	10.000	7.561,44
3	10.000	6.575,16
4	10.000	5.717,53

O cálculo do período de *payback* seria:

Ano1: – 24.000 + 8.695,65 = –15.304,35

Ano2: – 15.304,35 + 7.561,44 = – 7.742,91

Ano3: – 7.742,91 + 6.575,16 = – 1.167,75

Ano4: $\dfrac{1.167,75}{5.717,53} = 0,20 = $ *payback* de 3,20 anos

Na HP 12C, utilizando o programa anterior, tem-se:

Teclas (inserção de dados)		Visor	Significado
f	REG	0,00	limpa registros
15	i	15,00	taxa de juros
1	n	1,00	prazo inicial
24000	ENTER	24.000,00	investimento inicial
10000	R/S	15.304,35	saldo restante após 1 ano
10000	R/S	7.742,91	saldo restante após 2 anos
10000	R/S	1.167,75	saldo restante após 3 anos
10000	R/S	3,20	período de *payback*

Observe que o programa informa o período de *payback* quando verifica que os fluxos restantes após cada ano de retorno do capital investido estão diminuindo.

Exercícios propostos

1. Admita o fluxo de caixa ilustrado a seguir. Para uma taxa de 4% ao ano, calcule o valor presente líquido.

2. Um apartamento custa à vista $ 60.000,00, e pode também ser pago nas seguintes condições:

    Entrada: $ 20.000,00

    1º mês: $ 7.000,00

    2º mês: $ 7.000,00

    O saldo restante será pago em 36 prestações mensais de $ 850,00 a partir do terceiro mês. Qual é a taxa interna de retorno cobrada pela construtora?

3. Um veículo custa à vista $ 18.000,00. A concessionária propôs o seguinte plano de pagamento: 20% no ato; 3 parcelas iguais de $ 2.000,00 ao final de cada um dos próximos três meses. O saldo será dividido em 24 prestações mensais, iguais

e consecutivas, de $ 420,00, a partir do 4º mês. Qual é a taxa mensal de juros cobrada pela loja?

4. Um automóvel é financiado em 24 prestações mensais e sucessivas de $ 425,00 e mais 3 prestações semestrais de $ 700,00, $ 800,00 e $ 1.000,00, vencendo a primeira no sexto mês, e as demais subsequentemente. Calcular o valor financiado, sabendo que a taxa cobrada pela financeira é de 3,6% ao mês.

5. Uma empresa contrata um financiamento de $ 25.000,00 para ser pago em seis prestações trimestrais, iguais e sucessivas, no valor de $ 6.800,00 cada. Sabe-se que a primeira prestação será liquidada no final no 9º mês (dois trimestres de carência). Determinar a taxa interna de retorno (IRR) dessa operação de financiamento.

6. O coeficiente de financiamento publicado por um banco é de 0,167423 por 10 prestações mensais, sendo a primeira vencível em 50 dias e as demais de 30 em 30 dias cada. Apurar o custo efetivo mensal deste financiamento.

7. Uma empresa está avaliando duas propostas de investimento de capital cujas informações básicas são apresentadas a seguir.

Projeto	Investimento Inicial	Ano 1	Ano 2	Ano 3	Ano 4
A	– $ 1.300	$ 900,00	$ 750,00	$ 600,00	$ 600,00
B	– $ 1.300	$ 300,00	$ 400,00	$ 1.350,00	$ 1.700,00

Considerando que a taxa de retorno exigida pela empresa atinge 30% a.a., pede-se, para cada projeto:

a) O período de *payback* descontado.

b) O valor presente líquido e a taxa interna de retorno.

c) O ponto de Fischer.

8. Com base nos fluxos de caixa de dois projetos de investimentos descritos abaixo, determine qual possui a maior atratividade para uma empresa que tem um custo de capital de 12% a.a., analisando valor presente líquido, taxa interna de retorno, *payback* descontado e calcule também o ponto de Fischer.

Projeto	Investimento Inicial	Ano 1	Ano 2	Ano 3
A	– $ 2.300	$ 600,00	$ 950,00	$ 1.600,00
B	– $ 2.300	$ 500,00	$ 1.450,00	$ 1.120,00

Respostas dos exercícios

1) $ 1.125,01
2) 0,78% a.m.
3) 1,10% a.m.
4) $ 8.372,25
5) 3,09% a.m.
6) 9,29% a.m.
7) a) A: 2,60 anos; B = 3,37 anos
   b) B: $ 377,15; 41,97% a.a.
   A: $ 319,27; 45,59% a.a.
   c) 34,95% a.a.
8) A: 2,88 anos
   $ 131,90
   14,82%
   8,79% a.a.
   B: 2,88 anos
   $ 99,55
   14.24%

10

MÚLTIPLAS TAXAS OU TAXAS INDETERMINADAS DE RETORNO

Objetivo do capítulo

Neste capítulo é demonstrada a existência de mais de uma taxa interna de retorno, ou a inexistência desta taxa, em fluxos de caixa admitidos como não convencionais.

É apresentada a solução para estes casos especiais com os recursos disponíveis na HP 12C.

Os fluxos de caixa podem ser do tipo convencional ou não convencional. Um fluxo de caixa convencional é aquele que apresenta uma inversão de sinal. Alguns exemplos:

Entradas de Caixa

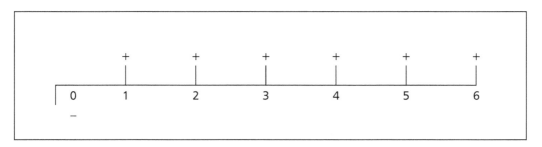

Saídas de Caixa

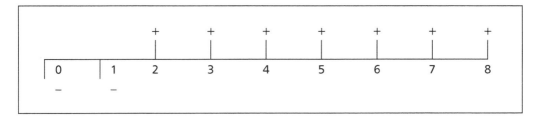

Nesses casos a taxa interna de retorno é única, não havendo possibilidade de encontrar-se outra taxa de juro que iguale, no mesmo momento, entradas com saídas de caixa.

Os fluxos de caixas não convencionais, por outro lado, são aqueles que apresentam mais de uma inversão de sinal. Exemplo:

Entradas de Caixa

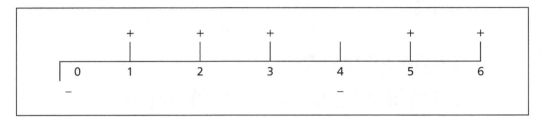

O fluxo de caixa apresenta três inversões de sinal. Há um desembolso de caixa no momento zero, seguido por três entradas de caixa; no momento 4 há novo desembolso de caixa, seguido por uma nova sequência de entradas de caixa.

Essa estrutura não convencional de fluxo de caixa, ao contrário do modelo convencional, pode apresentar três respostas de IRR, dependendo das inversões de sinais:

a) Existe somente uma IRR.
b) Existe mais de uma (múltiplas) IRR. Neste caso, a quantidade de taxas será igual ao número de inversões de sinal do fluxo de caixa.
c) Não existe nenhuma IRR. Qualquer taxa de desconto que se utilizar não conseguirá igualar as entradas com as saídas de caixa no mesmo momento.

No caso de fluxo de caixa não convencional, a HP 12C trabalha da seguinte forma:

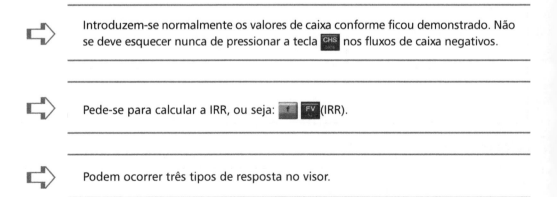

a) A calculadora encontra uma IRR e a registra no visor

Neste caso, a calculadora está indicando que existe uma IRR positiva. Não foi, entretanto, efetuada no programa da HP 12C nenhuma busca de taxas negativas.

Para tanto, deve-se concluir a busca introduzindo uma taxa negativa qualquer como sugestão para a máquina e pressionar: RCL 9 R/S.

Não encontrando taxa negativa, o visor da HP registra novamente o valor da IRR positiva encontrada.

Ao descobrir taxa negativa, o percentual é registrado no visor da calculadora.

Para ilustrar, considere o exemplo de cálculo da IRR do seguinte fluxo de caixa.

Exemplos

1. Fluxo de caixa não convencional com duas IRRs (positivas e negativas).

Fluxo de Caixa:

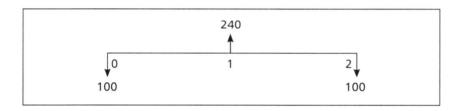

Matematicamente, tem-se:

$$100 = \frac{240}{(1 + IRR)^1} - \frac{100}{(1 + IRR)^2}$$

$$\frac{100(1 + IRR)^2}{(1 + IRR)^2} = \frac{240(1 + IRR)^1}{(1 + IRR)^2} - \frac{100}{(1 + IRR)^2}$$

$$100(1 + IRR)^2 = 240(1 + IRR)^1 - 100$$

$$100(1 + IRR)^2 - 240(1 + IRR)^1 + 100 = 0$$

$$1 + IRR = \frac{240 \pm \sqrt{(-240)^2 - 4(100)(100)}}{2(100)}$$

$$1 + IRR = \frac{240 \pm \sqrt{17.600}}{200}$$

$$1 + IRR = \frac{240 \pm 132,66499}{200}$$

$1 + IRR_1 = 1,8633$
$IRR_1 = 86,33\%$

ou

$1 + IRR_2 = 0,536675$
$IRR_2 = -46,33\%$

Portanto, tem-se suas taxas de retorno possíveis, conforme pode ser observado no gráfico do polinômio (Figura 10.1):

Figura 10.1 Gráfico do polinômio: $100(1 + IRR)^2 - 240(1 + IRR)^1 + 100$

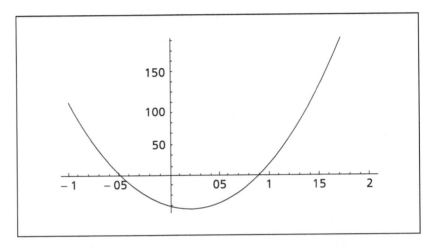

Como foi visto, o fluxo de caixa é não convencional com duas inversões de sinal. O cálculo da IRR, com o auxílio da HP 12C, é feito da forma seguinte:

Teclas (inserção de dados)				Visor	Significado
100	CHS	g	CFo	– 100,00	valor do fluxo no momento 0
240	g	CFj		240,00	valor do fluxo no momento 1
100	CHS	g	CFj	– 100,00	valor do fluxo no momento 2
	f	IRR		86,33	taxa interna de retorno do fluxo de caixa (86,33% p.p.)

O valor encontrado no visor equivale à IRR do fluxo de caixa. No entanto, por se tratar de um fluxo não convencional, é necessário pesquisar se existe outra taxa negativa.

Sugerindo-se uma taxa de –12,5%, tem-se:

Teclas	Visor
12,5 CHS RCL g R/S	– 46,33

A calculadora identifica outra taxa interna de retorno igual a – 46,33% p.p. Como o fluxo de caixa possui duas inversões de sinais, esta é a última taxa possível de ser encontrada.

Observe que, ao se calcular o NPV do fluxo de caixa para as duas taxas, o valor encontrado é zero, confirmando o acerto das taxas encontradas, ou seja:

Teclas (inserção de dados)				Visor	Significado
100	CHS	g	CFo	– 100,00	valor do fluxo no momento 0
240	g	CFj		240,00	valor do fluxo no momento 1
100	CHS	g	CFj	– 100,00	valor do fluxo no momento 2
86,33	i			86,33	taxa interna de retorno
	f	NPV		0,00	valor presente líquido
46,33	CHS	i		– 46,33	taxa interna de retorno
	f	NPV		0,01	**valor presente líquido**

2. Fluxos de caixa não convencionais com uma única IRR. Admita o seguinte fluxo de caixa:

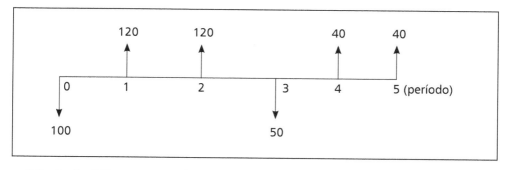

Cálculo da IRR com o uso da HP 12C:

Teclas (inserção de dados)				Visor	Significado
	f	REG		00,00	limpa todos os registros
100	CHS	g	CFo	– 100,00	valor do fluxo no momento 0
120	g	CFj		120,00	valor do fluxo no 1º período
120	g	CFj		120,00	valor do fluxo no 2º período
50	CHS	g	CFj	–50,00	valor do fluxo no 3º período
40	g	CFj		40,00	valor do fluxo no 4º período
40	g	CFj		40,00	valor do fluxo no 5º período
	f	IRR		81,37	**taxa interna de retorno única do fluxo de caixa (81,37% p.p.)**

Testando o programa com uma taxa negativa, a calculadora fornece o mesmo valor de taxa, indicando a presença de uma única IRR para este fluxo de caixa não convencional.

Exercícios propostos

Calcular a taxa interna de retorno para os seguintes fluxos de caixa:

1)
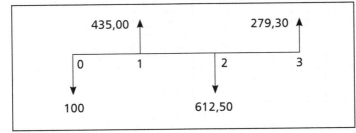

2)
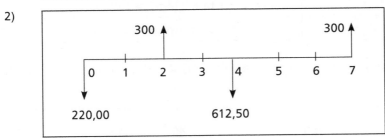

3)
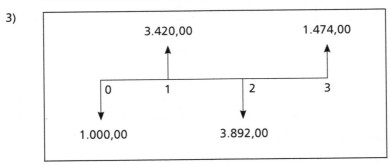

4)
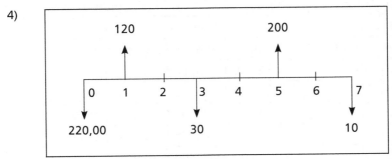

Respostas dos exercícios

1) 5%
2) – 16,23%
3) 8,52%
4) 7,62%

11
CRÉDITO DIRETO AO CONSUMIDOR

Objetivo do capítulo

Neste capítulo são estudadas as operações de crédito direto ao consumidor e sugeridos diversos programas de cálculo de prestações e do custo destas operações. Os cálculos apresentados incluem também os impostos incidentes sobre estes créditos.

O crédito direto ao consumidor, conhecido no mercado por CDC, é uma operação destinada a financiar a aquisição de bens e serviços por consumidores ou usuários finais.

O financiamento é geralmente amortizado com prestações mensais, iguais e consecutivas. Os encargos do CDC são basicamente juros e um tributo denominado "Imposto sobre Operações Financeiras" (IOF). O imposto é pago pelo financiado e recolhido pela instituição financeira.

A partir de 03/01/08, através do Decreto nº 6.306/07, alterado pelos Decretos nº 6.339/08 e nº 6.345/08, a alíquota do IOF para pessoa física nesse tipo de operação passou de 0,0041% ao dia (1,5% ao ano) para 0,0082% ao dia (3% ao ano) limitada em 365 dias, isto é, 3% do valor contratado. Ou seja, ainda que o prazo da operação de crédito ultrapasse os 365 dias, alíquota máxima será de 3% incidente sobre o valor contratado.

Além disso, foi criada ainda uma alíquota adicional de IOF no valor de 0,38% sobre o valor contratado independentemente do prazo da operação.[1]

Para pessoa jurídica, a alíquota permanece em 0,0041% ao dia (1,5% ao ano), apenas com o incremento da alíquota adicional de 0,38% sobre o valor financiado, independentemente do prazo do contrato.

---

[1] Esta é a legislação em vigor. Caso ocorram alterações, devem-se respeitar a legislação e a metodologia publicadas com as devidas modificações.

11.1 Financiamento bancário

Exemplo

Considere um financiamento no valor de $ 1.500,00, em 12 meses, sem entrada, a uma taxa de juros de 4% ao mês.

A tabela de pagamentos apresenta-se da seguinte forma, utilizando as teclas de comandos exibidas no Capítulo 8:

n	SD	AMORT	JUROS	PMT
0	$ 1.500,00			
1	$ 1.400,17	$ 99,83	$ 60,00	$ 159,83
2	$ 1.296,35	$ 103,82	$ 56,01	$ 159,83
3	$ 1.188,37	$ 107,98	$ 51,85	$ 159,83
4	$ 1.076,07	$ 112,30	$ 47,53	$ 159,83
5	$ 959,28	$ 116,79	$ 43,04	$ 159,83
6	$ 837,82	$ 121,46	$ 38,37	$ 159,83
7	$ 711,50	$ 126,32	$ 33,51	$ 159,83
8	$ 580,13	$ 131,37	$ 28,46	$ 159,83
9	$ 443,51	$ 136,62	$ 23,21	$ 159,83
10	$ 301,42	$ 142,09	$ 17,74	$ 159,83
11	$ 153,65	$ 147,77	$ 12,06	$ 159,83
12	$ 0,00	$ 153,68	$ 6,15	$ 159,83

O IOF sobre operações de crédito é atualmente determinado em função do prazo pelo qual o tomador utilizou os recursos.

No caso apresentado acima, o IOF deverá ser calculado com base nas amortizações, de acordo com o sistema de amortização feito entre os tomadores.

Admitindo-se uma alíquota de IOF igual a 0,25% a.m. (3% ao ano dividido em 12 meses), tem-se:

Nº de dias	Amortização	IOF sem financiar
30	$ 99,83	$ 0,25
60	$ 103,82	$ 0,52
90	$ 107,98	$ 0,81
120	$ 112,30	$ 1,12
150	$ 116,79	$ 1,46
180	$ 121,46	$ 1,82
210	$ 126,32	$ 2,21
240	$ 131,37	$ 2,63
270	$ 136,62	$ 3,07
300	$ 142,09	$ 3,55
330	$ 147,77	$ 4,06
360	$ 153,68	$ 4,61
	Total IOF	$ 26,12

IOF sem financiar = Amortização × Alíquota do IOF × prazo

No caso específico, o cliente também poderia solicitar ao banco que financiasse o IOF. A fórmula para o cálculo do IOF financiado é:

$$IOF_{FINANCIADO} = \left[\frac{PV}{1 - \frac{IOF_{SEM\ FINANCIAR}}{PV}} \right] - PV$$

Assim, o IOF sendo financiado, ficaria:

$$IOF_{FINANCIADO} = \left[\frac{1.500}{1 - \frac{26,12}{1.500}} \right] - 1.500 = 26,58$$

A planilha com o IOF financiado ficaria:

n	SD	Amortização	Juros	Prestação	IOF Financiado
0	$ 1.526,58				
1	$ 1.424,98	$ 101,60	$ 61,06	$ 162,66	$ 0,25
2	$ 1.319,32	$ 105,66	$ 57,00	$ 162,66	$ 0,53
3	$ 1.209,43	$ 109,89	$ 52,77	$ 162,66	$ 0,82
4	$ 1.095,15	$ 114,28	$ 48,38	$ 162,66	$ 1,14
5	$ 976,30	$ 118,85	$ 43,81	$ 162,66	$ 1,49
6	$ 852,69	$ 123,61	$ 39,05	$ 162,66	$ 1,85
7	$ 724,14	$ 128,55	$ 34,11	$ 162,66	$ 2,25
8	$ 590,44	$ 133,70	$ 28,97	$ 162,66	$ 2,67
9	$ 451,40	$ 139,04	$ 23,62	$ 162,66	$ 3,13
10	$ 306,79	$ 144,60	$ 18,06	$ 162,66	$ 3,62
11	$ 156,40	$ 150,39	$ 12,27	$ 162,66	$ 4,14
12	0,00	$ 156,40	$ 6,26	$ 162,66	$ 4,69
		Total do IOF			$ 26,58

Dessa forma, o valor do IOF financiado é de $ 26,58, passando a prestação para $ 162,66. O custo efetivo dessa operação é:

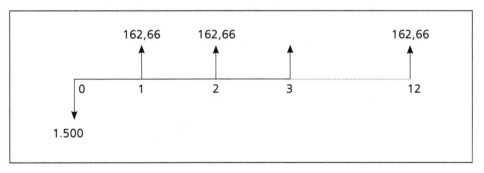

Teclas (inserção de dados)				Visor	Significado
f	REG			0,00	limpa registros
1.500	CHS	PV		1.500,00	valor do financiamento
162,66	PMT			162,66	calcula da PMT c/ IOF
12	n			12,00	prazo do empréstimo
	i			4,30	custo efetivo total

Ou seja, o aumento do IOF nas prestações financiadas eleva a taxa de 4% a.m. para 4,30% a.m.

O programa a seguir faz todo o cáculo.

11.2 Programa para cálculo do IOF de um financiamento CDC

O programa a seguir realiza o cálculo do valor do IOF para pagamento à vista gerado a partir de um financiamento CDC, o valor do IOF caso seja financiado e a prestação, embutido o valor do IOF, de acordo com a legislação anterior ao Decreto nº 6.306/07.

Teclas (inserção de dados)				Visor	Significado
f	P/R			00- PRGM	entra no modo de programação
f	PRGM			00- PRGM	limpa programas antigos
PMT				01- 14	calcula a prestação
RCL	PV	STO	8	03- 44 8	armazena PV no registro 8
RCL	n			04- 45 11	recupera prazo
STO	9			05- 44 9	armazena prazo no registro 9
1	STO	7		07- 44 7	incremento de cálculo
RCL	7			08- 45 7	recupera incremento
f	AMORT			09- 42 11	cálculo dos juros do empréstimo
X<>Y				10- 34	cálculo da amortização
RCL	0	×		12- 20	recupera alíquota do IOF referida
RCL	n	RCL	9 −	15- 30	prazo da referida parcela
×	Σ+			17- 49	cálculo estatístico do prazo médio
RCL	9	RCL	1 −	20- 30	recupera prazos de vencimento
g	X=0			21- 43 35	parada teste de término de prazo
g	GTO	27		22-43.33 27	desvia a execução no caso de término de cálculo do IOF
RCL	9			23- 45 9	recupera prazo inicial
RCL	1			24- 45 1	recupera prazo das prestações
g	x≤y			25- 43 34	teste de parada
g	GTO	0	8	26- 43.33 08	*loop* de cálculo do IOF
RCL	2			27- 45 2	total de IOF a pagar sem financiar o mesmo
R/S				28- 31	parada temporária do programa
RCL	8	÷		30- 10	recupera PV e calcula IOF/PV

continua

Teclas (inserção de dados)				Visor		Significado
1	x<>y	+		33-	40	resultado de 1+IOF/PV
RCL	8	÷		35-	10	resultado de (1+IOF/PV)÷PV
1/X	RCL	8		37- 45	8	resultado de PV÷(1+IOF/PV)
–	CHS	R/S		40-	31	valor do IOF quando financiado
CHS	RCL	8	+	43-	40	valor do PV financiado IOF
PV				44-	13	armazena valor no PV
0	FV			46-	15	zera registro FV
RCL	9	n		48-	11	armazena prazo no n
PMT	R/S			50-	31	valor da prestação embutida IOF
STO	7			51- 44	7	armazena PMT com IOF no registro 7
f	FIN			52- 42	34	zera registros financeiros
RCL	7	PMT		54-	14	armazena prestação com IOF
RCL	8	PV		56-	13	armazena valor financiado sem IOF
RCL	9	n		58-	11	armazena prazo do empréstimo
i				59-	12	cálculo do custo efetivo do empréstimo embutido o IOF
f	P/R				0,00	sai do modo de programação

Para executar o programa anterior, tem-se:

Teclas (inserção de dados)			Visor	Significado
f	REG		0,00	limpa registros
0,0025	STO	0	0,0025	armazena alíquota do IOF
1.500	CHS	PV	1.500,00	valor financiado
12	n		12,00	prazo do financiamento
4	i		4,00	taxa de juros
	R/S		26,12	IOF para pagamento à vista
	R/S		26,58	IOF para financiar
	R/S		162,66	PMT embutido o IOF
	R/S		4,30	custo efetivo total

Pela legislação vigente, o IOF agora é cobrado também sobre o valor financiado a uma alíquota geral de 0,38%. Fazendo o mesmo exemplo anterior, tem-se:

O cálculo do IOF sobre as amortizações permanece o mesmo. Logo, o IOF para financiar seria de R$ 26,58.

Sobre o valor financiado incide ainda a alíquota de 0,38%. Na hipótese de o IOF ser pago à vista, fica:

IOF adicional = 0,38% × (1.500,00) = $ 5,70
Total do IOF = 26,12 + 5,70 = $ 31,82
Valor liberado ao cliente: 1.500,00 − 31,82 = $ 1.468,18

Vale lembrar que, se o banco cobrar ainda uma tarifa de operação de $ 150,00, o valor liberado será:

Valor liberado = 1.468,18 − 150,00 = $ 1.318,18

Há ainda outras hipóteses à disposição do cliente. Por exemplo, poderia pagar a tarifa e financiar o IOF.

Assim, o novo IOF adicional seria:

$$\text{IOF adicional} = 0,38\% \times (1.500,00 + 26,58 + 5,70)$$
$$= 0,38\% \times (1.532,28) = \$\ 5,82$$

Assim, o valor financiado seria = 1.500,00 + 26,58 + 5,82 = $ 1.532,40.

Neste caso, a prestação seria:

Teclas (inserção de dados)			Visor	Significado
f	REG		0,00	limpa registros
1.532,40	CHS	PV	1.432,40	valor financiado
4	i		4,00	taxa de juros
12	n		12,00	prazo
	PMT		163,28	prestação

Dessa forma, o valor liberado ao cliente ficaria:

Valor liberado = $ 1.532,40 − 32,40 − 150,00 = $ 1.350,00

Porém, poderiam-se ainda financiar a tarifa e o IOF juntos, que é a prática usual quando o cliente precisa do valor cheio do financiamento.

Neste caso, primeiro calculam-se a prestação e o IOF à vista para um financiamento de $ 1.650,00, que corresponde ao valor de $ 1.500,00 mais a tarifa operacional de $ 150,00.

n	SD	Amortização	Juros	Prestação	IOF Financiado
0	$ 1.650,00				
1	$ 1.540,19	$ 109,81	$ 66,00	$ 175,81	$ 0,27
2	$ 1.425,99	$ 114,20	$ 61,61	$ 175,81	$ 0,57
3	$ 1.307,21	$ 118,77	$ 57,04	$ 175,81	$ 0,89
4	$ 1.183,69	$ 123,52	$ 52,29	$ 175,81	$ 1,24
5	$ 1.055,23	$ 128,46	$ 47,35	$ 175,81	$ 1,61
6	$ 921,63	$ 133,60	$ 42,21	$ 175,81	$ 2,00
7	$ 782,68	$ 138,95	$ 36,87	$ 175,81	$ 2,43
8	$ 638,18	$ 144,50	$ 31,31	$ 175,81	$ 2,89
9	$ 487,89	$ 150,28	$ 25,53	$ 175,81	$ 3,38
10	$ 331,60	$ 156,30	$ 19,52	$ 175,81	$ 3,91
11	$ 169,05	$ 162,55	$ 13,26	$ 175,81	$ 4,47
12	0,00	$ 169,05	$ 6,76	$ 175,81	$ 5,07
		Total do IOF			$ 28,73

O IOF financiado e o adicional seriam:

$$IOF_{financiado} = \left[\frac{1.650,00}{1 - \frac{28,73}{1.650,00}} \right] - 1.650,00$$

IOF adicional = 0,38% (1.650,00 + 26,24) = 6,38

Logo, o IOF total seria = $ 26,24 + 6,38 = 35,62

Neste caso, a prestação seria:

Teclas (inserção de dados)				Visor	Significado
f	REG			0,00	limpa registros
1.685,62	CHS	PV		– 1.685,62	valor financiado
4	i			4,00	taxa de juros
12	n			12,00	prazo
PMT				179,61	prestação postecipada

O valor liberado seria:

Valor liberado = 1.685,62 − 35,62 − 150,00 = 1.500,00

O custo efetivo do empréstimo pode ser calculado da seguinte maneira:

Teclas (inserção de dados)			Visor	Significado
f	REG		0,00	limpa registros
1.500	CHS	PV	− 1.500,00	valor solicitado
179,61	PMT		179,61	prestação
12	n		12,00	prazo
i			6,07	taxa efetiva mensal

Atendendo à legislação em vigor imposta pelo Decreto nº 6.306/07, o programa a seguir calcula valor do IOF total de um financiamento CDC incluindo a alíquota adicional de 0,38% e respeitando o limite de 3% do valor.

Teclas (inserção de dados)				Visor	Significado
f	P/R			00- PRGM	entra no modo de programação
f	PRGM			00- PRGM	limpa programas antigos
	PMT			01- 14	calcula a prestação
RCL	PV	STO	8	03- 44 8	armazena PV no registro 8
RCL	n			04- 45 11	recupera prazo
STO	9			05- 44 9	armazena prazo no registro 9
1	STO	7		07- 44 7	incremento de cálculo
RCL	7			08- 45 7	recupera incremento
f	AMORT			09- 42 11	cálculo dos juros da parcela
x<>y				10- 34	cálculo da amortização
RCL	0	X		12- 20	cálculo do IOF da parcela
RCL	n	RCL	9 −	15- 30	prazo da referida parcela
X	Σ+			17- 49	cálculo estatístico do prazo médio
RCL	9	RCL	1−	20- 30	recupera prazos de vencimento
g	X=0			21- 43 35	parada para teste de término de prazo
g	GTO	27		22-43.33 27	desvia a execução no caso de término do calculado do IOF

continua

Teclas (inserção de dados)				Visor		Significado
RCL	9			23- 45	9	recupera prazo inicial
RCL	1			24- 45	1	recupera prazo das prestações
g	x≤y			25- 43	34	teste de parada
g	GTO	0	8	26-43.33 08		*loop* de cálculo do IOF
RCL	2			27- 45	2	total do IOF a pagar sem financiar o mesmo
R/S				28-	31	para temporária do programa
RCL	8	÷		30-	10	recupera PV e calcula IOF/PV
1	x<>y	+		33-	40	resultado de 1 + IOF/PV
RCL	8	÷		35-	10	resultado de (1 + IOF/PV) / PV
1/X	RCL	8		37- 45	8	resultado de PV / (1 + IOF / PV)
–	CHS	R/S		40-	31	valor do IOF financiado
	STO	5		41- 44	5	armazena IOF financiado
RCL	8			42- 45	8	recupera valor do PV
3	%	CHS		45-	16	IOF máximo permitido
RCL	5			46- 45	5	IOF diário calculado
g	x≤y			47- 43	34	teste de comparação
g	GTO	51		48-43.33 51		IOF armazenado
x<>y	STO	5		50- 44	5	IOF máximo
RCL	5			51- 45	5	recupera IOF
RCL	8	–		53-	30	valor de PV + IOF
0.0038	X	R/S		61-	31	IOF adicional de 0,38%
RCL	5	+	R/S	64-	31	total do IOF
RCL	8 –	CHS	PV	68-	13	valor do PV + IOF total
0	FV			70-	15	zera registro FV
RCL	9	n		72-	11	armazena prazo no n
PMT	R/S			74-	31	valor da prestação embutido o IOF
f	P/R			0,00		sai do modo de programa

Exemplos:

1. Considera-se um financiamento no valor de $ 1.500,00 em 12 vezes sem entrada a juros de 4% ao mês. O Banco cobra ainda TAC de 150,00 e IOF de 0,0082% a.d. (0,25% a.m.) e 0,38% sobre o valor financiado. Admitindo que o Banco irá financiar tanto o TAC quanto o IOF, pedem-se:

    a) o valor do IOF total a pagar
    b) a prestação final a ser paga

Solução:

Utilizando o programa apresentado tem-se:

Teclas (inserção de dados)				Visor	Significado
	f	REG		0,0000	limpa registro
0,0025	STO	0		0,0025	alíquota do IOF
1.650,00	CHS	PV		– 1.650,00	PV + TAC
4	i			4,0000	taxa
12	n			12,0000	prazo
	R/S			28,73	IOF para pagamento à vista
	R/S			29,24	total do IOF financiado
	R/S			6,38	IOF adicional de 0,38%
	R/S			35,62	total do IOF
	R/S			179,61	prestação embutido IOF

Vale lembrar que o valor do IOF não pode ultrapassar 3% do valor financiado (no exemplo acima 3% × 1.645,00 = $ 49,35). Caso seja maior, prevalece a tarifa de 3% ao ano sobre o valor financiado.

2. Admita que esteja procurando um coeficiente de financiamento já embutido o IOF para pessoa física (crédito pessoal) junto a uma concessionária de veículos que irá utilizar para seus clientes. Se a taxa de juros é de 2,5% a.m., o IOF é de 0,25% a.m. (3% ao ano) e a alíquota adicional é de 0,38%, calcule o valor do coeficiente para 24 meses.

Solução:

Utilizando o programa apresentado tem-se:

Para 24 meses:

Teclas (inserção de dados)					Visor	Significado
	f	REG			0,0000	limpa registro
0.0025	STO	0			0,0025	valor do IOF
1	CHS	PV			− 1,0000	valor do PV por ser cálculo de coeficiente
2.5	i				2,5	taxa de juros
24	n				24,000	prazo
R/S	R/S	R/S	R/S	R/S	0,057809	coeficiente

Deve-se esperar o término da execução antes de pressionar o próximo comando (R/S), por existirem cálculos intermediários, como demonstrado no exemplo 1.

Exercícios propostos

1. Uma pessoa vai a um banco fazer um financiamento no valor de $ 5.200,00 em 3 meses a uma taxa de 5,0712% ao mês. Calcular o valor da prestação a ser paga, sem financiamento do IOF. Calcule o valor do IOF que essa pessoa pagaria no ato da liberação dos recursos, admitindo a alíquota do IOF como 0,25% ao mês, e alíquota adicional de 0,38%.

2. Para um financiamento no valor de $ 3.000,00 com prazo de 4 meses e a taxa de juros de 5,5% a.m., calcular o novo valor a ser financiado, sabendo que será financiado também o IOF. Calcule também o coeficiente de financiamento. A alíquota do IOF é de 0,25% a.m. e alíquota adicional de 0,38%.

3. Uma pessoa financia $ 10.000,00 em um banco em 10 meses, sem entrada, com taxa de 3% ao mês. O IOF cobrado é 0,0082% ao dia. Considerando a alíquota adicional de 0,38%, pedem-se:
   a) o valor do IOF a pagar, considerando que a pessoa não irá financiá-lo.
   b) se a pessoa resolver financiar o IOF, qual seria o seu valor?

4. Um cliente procura um banco para realizar uma operação de desconto de cheques com os seguintes valores: $ 1.300,00 para 34 dias e $ 3.600,00 para 42 dias. O banco informa que cobra para a operação uma taxa de 3% a.m., custódia de $ 0,30 por cheque, uma tarifa de abertura de crédito (TAC) de $ 35,00 para a operação toda e IOF (Imposto sobre Operações Financeiras) de 0,0082% ao dia. Considere também a alíquota adicional de 0,38%. Pedem-se:
   a) o valor líquido a receber do cliente.
   b) o custo efetivo mensal da operação.

5. Calcule o custo efetivo mensal e o valor liberado para o cliente em uma operação de desconto de uma duplicata no valor de $ 30.000,00, pelo prazo de 20 dias. A taxa de desconto cobrada pelo banco é de 4,50% ao mês, o IOF é de 0,0082% ao dia a alíquota extra de 0,38% e a tarifa para este tipo de operação é de $ 30,00.

6. Um aparelho de TV, no valor de $ 1.200,00, é adquirido para ser pago em 10 prestações mensais, iguais e consecutivas, sendo a primeira paga no ato da compra. Calcular o valor das prestações sabendo que a loja está cobrando uma taxa de 4% ao mês.

7. Uma loja de departamentos anuncia a venda de um computador nas seguintes condições:

   I – À vista por R$ 2.898,00.

   II – Em 12 parcelas mensais (0 + 12) de R$ 308,79 no crediário da loja, totalizando um investimento de R$ 3.705,48.

   III – Em 6 parcelas (0+ 6) de R$ 483,00 no cartão de crédito, "sem juros".

   Pedem-se:
   a) A taxa de juros cobrada no item II.
   b) Comparando as condições de pagamento propostas na venda a prazo, e à vista observe se é possível vender em 6 parcelas sem juros. Então, a prazo tem juros e à vista, aparentemente, não. Logo, o verdadeiro preço à vista deve ser inferior, isto é, a real taxa de juros cobrada pela loja é muito maior. Calcule esta taxa.

8. Uma empresa está estudando uma forma de conseguir aumentar os ganhos com juros de suas vendas parceladas. Admitindo que a concorrência local não cobra juros maiores que 2% a.m. nas vendas a prazo, e sabendo que esta empresa deseja cobrar juros de 3% a.m., logo deve aumentar o valor à vista de suas mercadorias. Calcule a porcentagem de aumento que esta empresa deve impor sobre os preços que deve anunciar como sendo "à vista", para alcançar as condições desejadas, supondo que as vendas dessa loja são anunciadas em 10 vezes sem entrada.

9. Considere uma operação de CDC no valor de R$ 13.000,00 contratada a uma taxa de 2,73% ao mês pelo prazo de 5 meses. Sendo a alíquota do IOF de 0,25% ao mês, IOF adicional de 0,38% e TAC de R$ 150,00, calcule:

   a) o valor do IOF a ser pago à vista.
   b) o valor do IOF caso seja financiado juntamente com o capital e a TAC.
   c) o valor da prestação inclusos o IOF e a TAC.
   d) o custo efetivo da operação.

Respostas dos exercícios

1) $ 46,42
2) $ 3.030,85; 0,288228 = CF
3) a) 179,31   b) 181,86
4) a) $ 4.635,74   b) 4,26%
5) $ 28.911,70; 5,71%
6) $ 142,26
7) a) 4% a.m.   b) 10,01% a.m.
8) 5,30%
9) a) $ 100,40
   b) $ 151,52
   c) $ 2.882,09
   d) $ 3,53% a.m.

12

TAXA INTERNA DE RETORNO MODIFICADA (MIRR)

Objetivo do capítulo

Um dos métodos mais importantes de avaliação de investimentos é a Taxa Interna de Retorno (IRR). Essa taxa tem uma limitação no pressuposto de reinvestimentos dos fluxos de caixa a própria taxa calculada. Este capítulo demonstra como calcular a IRR modificada, obtida na hipótese de reinvestimento dos fluxos de caixa a taxas mais realistas.

O método da taxa interna de retorno admite implicitamente que todos os fluxos de caixa são reinvestidos (ou descontados) pela mesma IRR calculada. Em alguns investimentos, a rentabilidade calculada situa-se dentro de níveis esperados de retorno, aceitando-se a IRR apurada como razoável.

Em outras situações, no entanto, em que a IRR encontrada for bastante diferente das taxas de retorno normais de reinvestimento, o pressuposto do método torna a IRR calculada pouco representativa para uma decisão de investimento.

Um procedimento recomendado, quando se apura uma IRR significativamente diferente das efetivas possibilidades de reaplicação dos fluxos de caixa, é usar a metodologia da taxa interna de retorno modificada (MIRR).

Por este critério, os fluxos de caixas positivos são reinvestidos a uma taxa de retorno admitida como viável, determinada pelas oportunidades de mercado de retorno de aplicações de risco semelhante.

Os fluxos de saídas de caixa (negativos) são descontados geralmente por uma taxa básica de juros da economia, como, por exemplo, a remuneração paga pelos títulos públicos.

O uso da metodologia da MIRR é também recomendado para fluxos de caixa que representam mais de uma IRR. O uso da MIRR simplifica bastante o entendimento da existência de múltiplas taxas de retorno, evitando ter de operar com o pressuposto do reinvestimento (ou desconto).

O cálculo é feito trazendo a valor presente todos os fluxos negativos e levando a valor futuro todos os fluxos positivos, ficando:

$$FV = PV (1 + MIRR)^n$$

Exemplo

Calcular a MIRR de um projeto de investimento com os seguintes fluxos de caixa:

Ano	Fluxos de Caixa $
X0	– 70.000,00
X1	12.000,00
X2	15.000,00
X3	20.000,00
X4	25.000,00
X5	30.000,00
X6	35.000,00

A rentabilidade do projeto, medida pela taxa interna de retorno (IRR), é obtido pela HP 12C:

Teclas (inserção de dados)				Visor	Significado
	f	REG		0,00	limpa registro
70000	CHS	g	CFo	– 70.000,00	valor do investimento no momento inicial
12000	g	CFj		12.000,00	fluxo de caixa no 1º ano
15000	g	CFj		15.000,00	fluxo de caixa no 2º ano
20000	g	CFj		20.000,00	fluxo de caixa no 3º ano
25000	g	CFj		25.000,00	fluxo de caixa no 4º ano
30000	g	CFj		30.000,00	fluxo de caixa no 5º ano
35000	g	CFj		35.000,00	fluxo de caixa no 6º ano
	f	IRR		18,96	taxa interna de retorno do Investimento (IRR = 18,96% a.a.)

A IRR calculada é válida no pressuposto de que todos os fluxos de entrada de caixa sejam reinvestidos até o final do ano X6, tendo como retorno à própria taxa de retorno de 18,96% ao ano.

Ao se admitir que os fluxos de caixa somente podem ser reinvestidos à taxa de retorno de 12% ao ano, por exemplo, a rentabilidade do investimento reduz-se. O cálculo desta IRR modificada pela taxa de reinvestimento diferenciada, conhecida por MIRR, é apresentado a seguir:

Teclas (inserção de dados)			Visor	Significado
	f	REG	0,00	limpa registro
0	g	CFo	0,00	valor do investimento no momento inicial
12.000	g	CFj	12.000,00	fluxo de caixa no 1º ano
15.000	g	CFj	15.000,00	fluxo de caixa no 2º ano
20.000	g	CFj	20.000,00	fluxo de caixa no 3º ano
25.000	g	CFj	25.000,00	fluxo de caixa no 4º ano
30.000	g	CFj	30.000,00	fluxo de caixa no 5º ano
35.000	g	CFj	35.000,00	fluxo de caixa no 6º ano
12	i		12,00	taxa de reinvestimento dos fluxos de caixa positivos
	f	NPV	87.550,65	valor presente dos fluxos de caixa
6	n		6,00	prazo
	FV		– 172.809,45	valor futuro
70.000	PV		70.000,00	valor do investimento inicial
	i		16,25	MIRR=16,25% ao ano

Exemplo

Fluxos de caixa com taxas de reinvestimento e desconto.

Admita um investimento com os seguintes fluxos de caixa:

Ano	Fluxo de Caixa $
X0	– 150,00
X1	80,00
X2	100,00
X3	– 50,00
X4	30,00
X5	40,00

Os fluxos de caixa positivos podem ser reinvestidos usando a taxa de reinvestimento de 10% ao ano, e para os fluxos de caixa negativos é usada a taxa de desconto de 7% ao ano.

Solução:

Para o cálculo da MIRR com taxa de reinvestimento e de desconto, adota-se o procedimento seguinte:

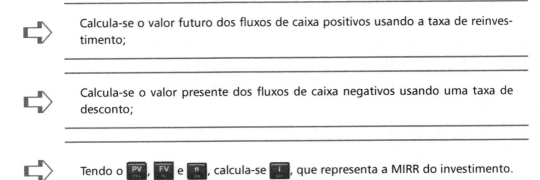

Na HP 12C:

Teclas (inserção de dados)				Visor	Significado
	f	REG		0,00	limpa registro
0	g	CFo		0,00	valor do fluxo inicial
80	g	CFj		80,00	fluxo de caixa no 1º ano
100	g	CFj		100,00	fluxo de caixa no 2º ano
0	g	CFj		0,00	coloca-se 0 no fluxo negativo do 3º ano
30	g	CFj		30,00	fluxo de caixa no 4º ano
40	g	CFj		40,00	fluxo de caixa no 5º ano
10	i			10,00	taxa de reinvestimento dos fluxos de caixa positivos
	f	NPV		200,70	valor presente
	CHS	PV		– 200,70	valor presente
5	n			5	prazo do fluxo
	FV			323,23	valor futuro dos fluxos positivos
150	CHS	g	CFo	– 150,00	valor do fluxo inicial
0	g	CFj		0,00	zero nos períodos de fluxo positivo

continua

0	g	CFj		0,00	zero nos períodos de fluxo positivo
50	CHS	g	CFj	– 50,00	fluxo do 3º ano (negativo)
0	g	CFj		0,00	zero nos períodos de fluxo positivo
0	g	CFj		0,00	zero nos períodos de fluxo positivo
7	i			7,00	taxa de desconto do valor dos fluxos de caixa negativos
	f	NPV		– 190,82	valor presente dos fluxos negativos
5	n			5,00	prazo
	i			11,12	taxa interna de retorno modificada MIRR=11,12% a.a.

Exercícios propostos

1. Considere uma proposta de investimento no valor de $ 14.000,00, estimando-se um retorno de $ 3.000,00, $ 4.000,00, $ 5.000,00, $ 6.000,00 e $ 7.000,00, respectivamente, ao final de cada um dos próximos cinco anos. Admitindo que os quatro primeiros fluxos de caixa possam ser reinvestidos, até o final do prazo de vida da alternativa, às taxas de 18%, 16%, 14% e 12%, respectivamente, pede-se calcular a taxa interna de retorno dessa operação, considerando-se as diferentes taxas de reinvestimentos (taxa interna de retorno modificada – MIRR)

2. Uma empresa investiu $ 20.000,00 na implantação de um novo projeto, para o qual são previstos fluxos operacionais anuais de caixa de $ 11.000,00, $ 8.000,00, $ 9.000,00 e $ 5.000,00, a partir do primeiro ano. Com base nessas informações, pede-se:
   a) Calcular a taxa interna de retorno do investimento.
   b) Calcular o montante e a IRR modificada na situação de os fluxos operacionais de caixa serem reaplicados às taxas de 20%, 16% e 12%, respectivamente.

3. Calcular a MIRR para o seguinte investimento, considerando uma taxa de investimento de 10,5% a.a.

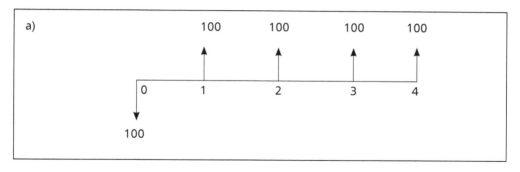

b)

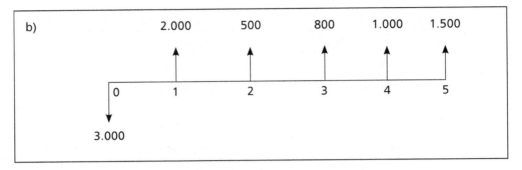

4. Calcular a taxa interna de retorno modificada (MIRR) para o fluxo de caixa a seguir, considerando como taxa de investimento e de desconto os valores de 13% ao ano e 6% ao ano, respectivamente.

Ano	Fluxo de Caixa
0	– 1.700,00
1	600,00
2	– 200,00
3	1.000,00
4	800,00

Respostas dos exercícios

1) 18,18% a.a.
2) a) 26,80% a.a.   b) 22,37% a.a.
3) a) 47,05% a.a.   b) 19,26% a.a.
4) 8,28% a.a.

13

OBRIGAÇÕES DE RENDA FIXA – BÔNUS

Objetivo do capítulo

As obrigações de renda fixa assumem grande importância no moderno mercado financeiro. O capítulo demonstra os cálculos das mais importantes medidas de desempenho destes títulos, através do uso dos recursos da calculadora financeira HP 12C.

Uma obrigação (bônus) é um título de renda fixa, geralmente de longo prazo, no qual o emissor (devedor ou tomador de empréstimo) compromete-se a pagar o principal emprestado, acrescido de juros, no decorrer (ou ao final) de um prazo contratado. Esses títulos são emitidos por órgãos governamentais ou empresas privadas, visando financiar seus investimentos.

Um bônus-padrão, conforme negociado nos mercados financeiros internacionais, prevê uma data fixa futura para vencimento do principal e pagamentos periódicos de juros (geralmente a cada seis meses). Os juros são estabelecidos em contrato de emissão firmado.

Alguns conceitos de bônus:

Yield

É o rendimento nominal oferecido pelo título e identificado em seu cupom.

Current Yield

Mede a relação entre os juros prometidos pelo cupom de um título e o seu preço corrente de mercado. É uma medida de recuperação de caixa oferecida pelo título com base em seu valor de mercado.

Valor de Face (Pn)

É o valor de emissão do título. A devolução do capital ocorre ao final do prazo de emissão. É o mesmo que valor nominal, valor de resgate ou valor futuro.

Cupom (C)

Taxa de juro comprometida pelo título e estampada em seu valor de face. Na data de seu vencimento, o emissor do título compromete-se a pagar os juros mediante entrega do cupom que acompanha o título.

Yield to Maturity (YTM)

É o efetivo rendimento (*Yield*) do título de renda fixa até seu vencimento (*Maturity*). Nada mais é do que a taxa interna de retorno levando-se em conta o valor de negociação do título no mercado (preço de compra), seu valor de resgate e os rendimentos (juros) dos cupons.

Ágio ou Deságio

Quando o valor de mercado de um título é inferior ao seu valor de face, diz-se que é negociado com deságio. Ao contrário, o título é negociado com ágio.

Os juros dos bônus são nominais, geralmente fixados ao ano e capitalizados semestralmente pelo critério linear.

O preço de mercado do título equivale ao valor presente dos fluxos de caixa futuros: cupons (juros) e capital aplicado (Pn), descontados a uma taxa de atratividade (K).

$$P_0 = \frac{C_1}{(1+K)^1} + \frac{C_2}{(1+K)^2} + \ldots + \frac{C_n + P_n}{(1+K)^n}$$

Exemplos

1. Um título com valor de resgate de $ 1.000,00 está sendo negociado com deságio de 12%. O título carrega um cupom de 11% ao ano. Determinar a sua *current yield*, ou seja, seu retorno percentual.

Solução:

$$\text{Current Yield} = \frac{\text{Juros (cupom)}}{\text{Preço de mercado}} = \frac{11\% \times \$\,1.000,00}{\$\,1.000,00 - 12\%} = 12,5\%$$

Com a HP 12C:

Teclas (inserção de dados)			Visor	Significado
	f	REG	0,00	limpa registro
1000	ENTER		1.000,00	valor do título
11	%		110,00	taxa anual do cupom
1000	ENTER		1.000,00	valor do título
12	%		120,00	taxa de deságio
	−		880,00	Diferença entre o título e o deságio
÷	100	×	12,50	current yield

2. Admita um título com maturidade de 12 anos, valor de face de $ 1.000,00 e um cupom de 9% a.a., com pagamento semestral de juros. Qual é o preço corrente de mercado desse título se os investidores aceitarem descontá-lo somente à taxa de 10% a.a.?

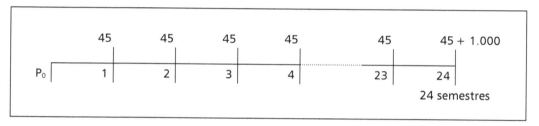

Solução:

$$P_0 = \frac{45}{(1,05)^1} + \frac{45}{(1,05)^2} + \ldots + \frac{1045}{(1,05)^{24}}$$

Solução pela HP 12C:

Teclas (inserção de dados)			Visor	Significado
	f	REG	0,00	limpa registro
45	g	CFj	45,00	valor do cupom
23	g	Nj	23,00	23 períodos de 45,00
1045	g	CFj	1.045,00	valor de face + cupom
5	i		5	taxa de desconto
	f	NPV	931,01	valor de mercado do título

Com uma taxa de desconto de 5% a.s., o título é negociado com deságio de 6,90% em relação ao seu valor de face.

Se o investidor aceita os juros pagos pelo cupom (9% a.a. = 4,5% a.s.), o título é negociado pelo seu valor de face (ao par). Na HP 12C existe o comando **PRICE**, que não faz referência a tabela Price, e sim ao cálculo do preço de mercado do título.

Para realizar esta operação tem-se, a partir do exemplo anterior, que considerar que o prazo de 12 anos (24 semestres) deve ser definido entre duas datas específicas, que será a data da emissão (ou compra) do título e a sua data de vencimento. Considerando a data da emissão 07/07/2002 e o vencimento 07/07/2014, tem-se pela HP 12C:

Teclas (inserção de dados)			Visor	Significado
	f	REG	0,00	limpa registradores
9	PMT		9,00	taxa do cupom
10	i		10,00	taxa de desconto
	g	4(D.MY)	10,00	data no formato dia. mês. ano
07.072002	ENTER		07.072002	Data de emissão
07.072014	f	PRICE	93,101	93,101% do valor de face

Significa que:

93,101% (1000=Valor de Face) = 931,01	é o valor de mercado do título, ou seja, com deságio de 6,89%

13.1 *Yield to Maturity* (YTM)

A YTM (rendimento até o vencimento) é a taxa de retorno auferida pelo investidor no título, considerando o seu valor corrente de mercado.

A *yield to maturity* equivale à IRR (Taxa Interna de Retorno) que iguala, em determinado momento, o preço pago pelo título com seu fluxo esperado de rendimento e o principal a ser resgatado ao final.

A medida incorpora, também, o mesmo pressuposto da IRR de reinvestimento dos fluxos de caixa, até a maturidade, pela própria YTM calculada.

O cálculo da YTM leva em conta o valor da negociação do título no mercado (preço de compra), seu valor de resgate, o prazo e os rendimentos (juros) dos cupons. A formulação básica é:

$$P_0 = \frac{C_1}{(1 + YTM)^1} + \frac{C_2}{(1 + YTM)^2} + \frac{C_3}{(1 + YTM)^3} + \ldots + \frac{C_n + P_n}{(1 + YTM)^n}$$

onde:

Po	= preço corrente de negociação do título;
$C_1, C_2, \ldots C_n$	= juros periódicos representados pelos cupons previstos para cada período;
P_n	= valor de resgate (valor de face) do título; e
YTM	= *yield to maturity*: Rentabilidade efetiva da obrigação de longo prazo se retida até a data de vencimento. Representa, em outras palavras, a taxa de desconto que iguala os benefícios de caixa (juro e resgate) com o preço de negociação da obrigação.

A HP 12C tem teclas específicas para o cálculo da YTM. As entradas são pelo preço de cotação como porcentagem do valor nominal, armazenado no PV, a taxa anual do cupom como porcentagem armazenada no PMT e as variações da data de compra e da data de vencimento separadas por **ENTER**.

Exemplos

1. Dados de uma operação:

Data da compra do título	17.11.2007
Data do vencimento do título	17.11.2012
Preço de compra	$ 885,00
Valor de face (resgate)	$ 1.000,00
Cupom (rendimento) 8,5% a.a. com pagamento semestral	
Determinar a rentabilidade (YTM) do título	

Solução:

Com o uso da HP 12C:

Teclas (inserção de dados)			Visor	Significado
	f	REG	0,00	limpa registradores
88,5	PV		88,50	preço corrente do título como porcentagem do valor de face
8,5	PMT		8,50	taxa anual do cupom
17.112007	ENTER		17.11.2007	prazos
17.112012	f	YTM	11,595	Yield to Maturity (11,595% a.a.)

A *Yield to Maturity* é apurada como uma taxa nominal ao ano. Esta taxa pode também ser calculada pelo método da IRR através da HP 12C:

Teclas (inserção de dados)				Visor	Significado
	f	REG		0,00	limpa registradores
885	CHS	g	CFo	– 885,00	valor de mercado do título
1000		ENTER		1.000,00	valor da face
8,5	%			85,00	juros anuais nos 5 anos
2	÷	g	CFj	42,50	juros semestrais nos 10 semestres
9	g	Nj		9,00	fluxo se repete 9 vezes sequencialmente
1042,50	g	CFj		1.042,50	valor do resgate do título mais os juros do 10º período
	f	IRR		5,798	rentabilidade efetiva semestral
2	×			11,595	YTM (taxa nominal: 11,595% a.a.)

2. Cálculo do Preço Corrente de Mercado

Valor de face	1.000
Cupom	10% a.a. (5% a.s.)
Taxa de juros requerida pelo investidor	12% a.a.
Data da compra do título	24.06.2007
Data de vencimento	24.06.2010

Pela HP 12C:

Teclas (inserção de dados)			Visor	Significado
	f	REG	0,00	limpa registradores
12	i		12,00	taxa de juros
10	PMT		10,00	taxa do cupom
24.062007	ENTER		24.06.2007	prazo
24.062010	f	PRICE	95,083	% do valor de face do título

A resposta é fornecida como porcentagem do preço de face do título. O título é negociado no mercado por $ 950,83 (95,083% × $ 1.000), ou seja, com um deságio de 4,92% em relação ao seu valor de face.

Pelo método do NPV:

Teclas (inserção de dados)			Visor	Significado
	f	FIN	0,00	limpa os registros financeiros
50	g	CFj	50,00	rendimento do cupom semestral
5	g	Nj	5,00	fluxo que se repete nos 5 primeiros semestres
1050	g	CFj	1050,00	valor de face mais cupom no 6º período
6	i		6,00	taxa
f	NPV		950,83	valor de mercado

13.1.1 Pressuposto do reinvestimento no cálculo da YTM

Como foi indicado, a YTM é calculada no pressuposto de que todos os fluxos de rendimentos oferecidos pelo título serão reinvestidos, até o seu vencimento, à própria taxa apurada. Este pressuposto, no entanto, pode não ser verdadeiro na prática.

O investidor pode não conseguir reaplicar seus fluxos de caixa à taxa efetiva de juro apurada, o que alterará a sua rentabilidade.

Exemplo

1. Considere o seguinte exemplo ilustrativo:

Um investidor adquire um título de 4 anos que paga cupom de 12% a.a. semestralmente. O preço de compra do título é de $ 940,00 e o investidor pretende manter o título até o seu vencimento. Está projetada uma taxa de reinvestimento dos rendimentos de 9% a.a. Determinar a rentabilidade do título.

Solução:

Teclas (inserção de dados)			Visor	Significado
	f	FIN	0,00	limpa os registros financeiros
60	g	CFj	60,00	rendimento do cupom
7	g	Nj	7,00	períodos
1060	g	CFj	1.060,00	valor de face mais cupom
4,5	i		4,50	taxa de reinvestimento
	f	NPV	1.098,94	valor do título
8	n		8,00	prazo
	FV		– 1.562,80	valor no vencimento
940	PV		940,00	preço de compra
	i		6,56	rentabilidade semestral
2	×		13,12	**taxa nominal anual**

13.2 *Zero coupon bond*

O *zero coupon bond*, ou título de cupom zero, é um título normalmente emitido sem previsão de pagamentos de juros (cupom), sendo negociado no mercado com desconto.

Seu preço de negociação equivale ao valor presente de seu valor de face, descontado a uma taxa de juros que reflete a expectativa de remuneração dos investidores.

Exemplo

Admita que um governo tenha emitido um título de cupom zero pagando 11% ao ano. O valor de face do título é fixado em $ 1.000,00, a ser pago no momento do vencimento. O prazo do título é de 3 anos. Qual é o valor de mercado do título?

Teclas (inserção de dados)			Visor	Significado
	f	REG	0,00	limpa todos os registradores
1.000	CHS	FV	– 1.000,00	rendimento do cupom
11	i		11,00	taxa do título
3	n		3,00	prazo
	PV		731,19	**valor de mercado do título**

Exercícios propostos

1. Admita uma obrigação com valor de face de $ 1.000,00 com maturidade de 8 anos. A remuneração prometida são juros semestrais de 3%. Se os investidores aceitarem descontar esse título somente à taxa de 9% ao ano, calcular seu preço de mercado.

2. Considere uma obrigação com maturidade de 5 anos que paga juros semestrais proporcionais à taxa de 12% ao ano. Seu valor de face é de $ 1.000,00, e o preço de negociação de mercado é de $ 978,54. Determinar a rentabilidade efetiva (YTM) anual dessa operação.

3. Uma obrigação de longo prazo paga cupom de 10% ao ano com rendimentos proporcionais semestrais. A maturidade do título é de 5 anos. O preço de negociação no mercado é de $ 1.018,99, e seu valor de face é $ 1.000,00. Determinar a rentabilidade efetiva (YTM) semestral desse título.

4. Admita um título com valor de face de $ 1.000,00, maturidade de 3 anos, e cupom igual a 14% a.a., com pagamento semestral de juros. Esse título está negociado no mercado atualmente por $ 1.029,22. Determinar o retorno semestral auferido pelo investidor.

5. Um título com valor nominal de $ 6.500,00 tem um prazo de vencimento de 3 anos e paga cupom semestral proporcional a 10% a.a. O título é resgatado ao final do prazo ao par. Pede-se determinar o preço de compra do título sabendo que a taxa de juros do mercado é de 12% a.a.

6. Admita um título de valor de resgate de $ 1.000,00 e maturidade de 8 anos. O título paga juros de 7,5% ao semestre. Calcular o preço de mercado do título, admitindo uma taxa de retorno exigida pelos investidores de 6% ao semestre.

7. Admita um bônus com maturidade de 8 anos que paga cupom de 10% ao ano, com rendimentos semestrais. O bônus está sendo negociado no mercado pelo preço de $ 1.089,00, sendo seu valor de face de $ 1.000,00. Determinar a Yield to Maturity (YTM).

8. Um bônus possui as seguintes características:
   - Maturidade: 4 anos
   - Cupom semestral: 9% ao ano
   - Rendimento exigido pelo investidor: 10% ao ano
   - Valor de emissão: $ 1.000,00

   Pede-se, calcular o preço de mercado do título.

9. Um título de cupom zero é emitido com valor de face de $ 10.000,00, com prazo de vencimento de 4 anos, pagando 10,7% ao ano. Calcule o valor de mercado deste título.

10. Um título com valor de resgate de $ 2.000,00 é negociado com deságio de 15%, pagando um cupom de 9,5% ao ano. O título tem prazo de 1 ano e pagamento semestral do cupom. Qual é o retorno deste título?

Respostas dos exercícios

1) $ 831,49
2) 12,60% a.a.
3) 4,76% a.s.
4) 6,40% a.s.
5) $ 6.180,37
6) $ 1.151,59
7) 8,45% a.a.
8) $ 967,68
9) $ 4.586,17
10) 13,84% a.a.

14

OPERAÇÕES ESTATÍSTICAS

Objetivo do capítulo

O capítulo trata das principais medidas estatísticas de tendência central e cálculos pela HP 12C. Estes cálculos têm grande aplicação em diversas operações do mercado financeiro.

A estatística é um método científico que permite aos usuários analisar, interpretar e tomar decisões sob condições de incerteza. É aí que entra essa ferramenta para auxiliar neste contexto de tomada de decisões. No mercado de capitais, que evidencia fortemente o processo decisório de previsibilidade cercado de incertezas, a estatística norteia processos reguladores da tomada de decisão e avaliação de risco.

Primeiramente deve-se deixar clara a diferenciação entre população e amostra. A ideia básica da amostragem é efetuar determinada mensuração sobre uma parcela pequena, mas típica, de determinada população (conjunto todo) e utilizar essas informações para se fazerem inferências sobre toda a população.

Dessa forma, existem diferenciações nas medidas tomadas na amostra e na população, as quais são descritas a seguir, com suas respectivas nomenclaturas:

Medida estatística	Parâmetro da população	Estatísticas da amostra
Média	μ	$\bar{x}$
Variância	σ^2	S^2
Desvio-padrão	σ	S

14.1 Medidas de tendência central

As medidas de tendência central são valores que visam identificar as características de concentração dos elementos em uma amostra. Tais valores são vistos por agruparem-se em torno de uma medida da posição central da distribuição.

14.2 Média

É a medida mais comum utilizada. Existem vários tipos de média: média aritmética simples, média aritmética ponderada, média geométrica e média harmônica.

A média aritmética simples, denotada por 🔘 ($\bar{x}$), é a soma dos valores das informações dividida pela quantidade de informações.

Exemplo

Se a rentabilidade de um ativo nos 3 últimos anos foi de, respectivamente, 9%, 6,5% e 5,5%, sua média aritmética é 7%:

$$\bar{x} = \frac{9\% + 6,5\% + 5,5\%}{3} = 7\%$$

Na calculadora financeira HP 12C, a introdução de dados estatísticos é feita a partir da tecla 📲.

Assim:

Teclas (inserção de dados)			Visor	Significado
f	CLEAR	REG	0,00	limpa registradores
9	Σ+		1,00	introduz o 1º valor
6.5	Σ+		2,00	introduz o 2º valor
5.5	Σ+		3,00	introduz o 3º valor
g	$\bar{x}$		7,00	rentabilidade média

14.3 Média ponderada

A média ponderada, representada na HP 12C pelo conjunto de teclas 📲 📲 (w), é utilizada quando se atribuem pesos (importâncias) diferentes para cada elemento do conjunto de dados.

Em outras palavras, pode-se dizer que a média aritmética simples é uma média ponderada onde os pesos são todos iguais para todos os elementos considerados.

Exemplo

Em uma operação de desconto de cheques, pode-se usar o prazo médio para calcular o valor dos juros e do IOF pagos. Suponha um desconto de cheques realizado em 11/03/2019 com 3 cheques pré-datados para as seguintes datas:

$ 1.000,00	16/03/2019
$ 2.500,00	26/03/2019
$ 900,00	31/03/2019

Portanto, consideram-se os prazos:

$ 1.000,00	16/03/2019	5 dias
$ 2.500,00	26/03/2019	15 dias
$ 900,00	31/03/2019	20 dias

O prazo médio ficaria:

$$\bar{n} = \frac{5 \times 1.000 + 15 \times 2.500 + 20 \times 900}{1.000 + 2.500 + 900} = 13{,}75 \text{ dias}$$

Na HP 12C tem-se, fornecendo primeiramente os prazos:

Teclas (inserção de dados)				Visor	Significado
	f	REG		0,00	limpar registro
5	ENTER	1000	Σ+	1,00	introduz o 1º valor
15	ENTER	2500	Σ+	2,00	introduz o 2º valor
20	ENTER	900	Σ+	3,00	introduz o 3º valor
	g	x̄w		13,75	prazo médio em dias

Pode-se também usar [f] [Σ+] para limpar os registros estatísticos e iniciar o cálculo, como apresentado acima. No exemplo anterior, foi mostrado que, para o cálculo do prazo médio, primeiro deve-se introduzir na HP 12C o número de dias e posteriormente o valor do cheque. Se fosse feito o contrário, primeiro o valor monetário e posteriormente o prazo, estar-se-ia calculando o saldo médio.

Exemplo

Considere o extrato de conta-corrente de um cliente de um banco:

Dia	Histórico	Débito $	Crédito $	Saldo $	D/C
	Saldo anterior			55.000,00	C
03	CH 65225	20.000,00		35.000,00	C
07	DP CH		10.000,00	45.000,00	C
18	DP Dinheiro		10.000,00	55.000,00	C
22	CH 65226	30.000,00		25.000,00	C
28	CH 65227	20.000,00		5.000,00	C

O saldo médio seria:

Saldo	Número de dias
$ 55.000	3 dias {1,2,3}
$ 35.000	4 dias {4,5,6,7}
$ 45.000	11 dias {8,9,10,11,12,13,14,15,16,17,18}
$ 55.000	4 dias {19,20,21,22}
$ 25.000	6 dias {23,24,25,26,27,28}
$ 5.000	2 dias {29,30}

$$\text{Saldo médio} = \frac{55.000 \times 3 + 35.000 \times 4 + 45.000 \times 11 + 55.000 \times 4 + 25.000 \times 6 + 5.000 \times 2}{3 + 4 + 11 + 4 + 6 + 2}$$

Saldo médio = $ 38.533,33

Na HP 12C, tem-se:

Teclas (inserção de dados)				Visor	Significado
f	CLEAR	REG		0,00	limpar registro
55000	ENTER	3	$\Sigma+$	1,00	introduz o 1º valor
35000	ENTER	4	$\Sigma+$	2,00	introduz o 2º valor
45000	ENTER	11	$\Sigma+$	3,00	introduz o 3º valor
53000	ENTER	4	$\Sigma+$	4,00	introduz o 4º valor
23000	ENTER	6	$\Sigma+$	5,00	introduz o 5º valor
3000	ENTER	2	$\Sigma+$	6,00	introduz o 6º valor
	g	$\bar{x}w$		38.533,33	saldo médio

Exercícios propostos

1. As compras de macarrão efetuadas por 3 famílias distintas, previstas para o consumo de 1 mês, apresentam os seguintes dados:

Família	Quantidade (Kg)	Valor $
1	17	11,50
2	13	9,30
3	9	7,40

Calcular a média aritmética dos gastos e a média das quantidades adquiridas, por família.

2. Uma pessoa fez, nos últimos 2 meses, 4 aplicações em um fundo de investimento em renda fixa, adquirindo cotas do mesmo, a saber:

Aplicação	Quantidade de cotas	Valor $
1º	11.001,00	900,89
2º	5.238,00	950,45
3º	6.882,00	1.101,71
4º	13.570,00	1.110,53

Calcular o custo médio ponderado das cotas adquiridas.

3. Sabe-se que se pode usar o prazo médio para calcular o valor dos juros e do IOF pagos em uma operação de desconto de cheques. Suponha um desconto de cheques realizado em 10/03/2018 com 4 cheques pré-datados para as seguintes datas:

$ 1.200,00	12/03/2018
$ 2.700,00	23/03/2018
$ 800,00	27/03/2018
$ 650,00	30/03/2018

Calcular o prazo médio e o saldo médio (ponderados).

4. Num mesmo dia, um investidor adquire 3 títulos de renda prefixada, com idêntica rentabilidade, mas com valores e prazos diferentes. Sabendo-se que os valores de aquisição desses títulos foram de $ 800,00, $ 950,00 e $ 1.350,00 e que os prazos correspondentes, pela ordem, são 235, 210 e 182 dias, respectivamente, calcular o prazo médio dessa operação.

5. Um conjunto de máquinas trabalha de acordo com a seguinte tabela:

Máquina	Horas de funcionamento	Peças produzidas
1	7,0	900
2	7,5	1.050
3	6,5	835
4	8,0	1.115
5	9,0	1.250

Calcular a média das peças produzidas e das horas de funcionamento da máquina.

6. A tabela abaixo apresenta valores, prazos de vencimentos e taxas de descontos de títulos. Determinar o prazo médio de vencimento dos títulos e a taxa média de desconto (valores ponderados).

Título	Taxa de desconto	Prazo de vencto. (dias)	Valor ($)
1	2,0	70	3.000,00
2	2,3	55	2.500,00
3	3,0	40	1.700,00

Respostas dos exercícios

1) 13; 9,40
2) $ 1.023,17
3) 11,98; $ 1.232,69
4) 204,26
5) 7,6; 1.030
6) 57,71; 2,34% a.m.

15

MEDIDAS ESTATÍSTICAS DE AVALIAÇÃO DE RISCO

Objetivo do capítulo

Na sequência do estudo de medidas estatísticas através da HP 12C, este capítulo dedica-se ao cálculo dos indicadores de risco (medidas de dispersão) com os recursos da HP 12C.

15.1 Medidas de dispersão

As medidas de dispersão ou variabilidade indicam a dispersão (distribuição) dos valores do conjunto em torno de sua média. Em outras palavras, mostram o espalhamento dos valores ao redor de uma tendência central, no caso, a média, indicando que quanto maior for a sua medida, menor será a representatividade (importância) da média, pois estaria indicando um distanciamento muito grande da mesma.

15.2 Desvio-padrão e variância

São as mais importantes e utilizadas medidas de dispersão. O desvio-padrão pode ser calculado sobre toda a população envolvida, sendo então denotado pela letra grega sigma (σ), ou ainda, pode ser calculado segundo os dados de uma amostra (uma parte da população que bem representa a população), sendo denotado por S.

Suas expressões de cálculo são:

$$S = \sqrt{\frac{\sum_{i=1}^{n}(x_i - \bar{x})^2}{n-1}} \text{ para amostra}$$

$$\sigma = \sqrt{\frac{\sum_{i=1}^{n}(x_i - \bar{x})^2}{n}} \text{ para população}$$

onde [9] [0] ($\bar{x}$) é a média aritmética, seja da população ou da amostra, e $(x_i - \bar{x})$ é o desvio (variabilidade ou dispersão) de cada elemento em relação à média ($\bar{x}$).

A calculadora financeira HP 12C realiza como função principal, através das teclas [9] [·], apenas o cálculo do desvio-padrão por base em amostra.

Ao desejar o desvio-padrão feito por base na população, basta calcular a média e introduzir a média como um novo elemento no conjunto de dados e repetir o cálculo pelas teclas [9] [·], obtendo-se o desvio populacional.

O efeito da introdução da média como elemento aumenta o conjunto de dados, mas não afeta a soma dos desvios em relação à média, pois quando subtrair-se a média dela mesma, o resultado será nulo.

Exemplo

Seja uma série de valores das vendas semanais de uma determinada empresa:

Semana	Vendas ($)
1	510.000
2	532.050
3	499.040
4	500.690
5	510.500

Podem-se fazer os seguintes cálculos na calculadora financeira HP 12C:

Teclas (inserção de dados)			Visor	Significado
	f	REG	0,00	limpa registradores
510000	Σ+		1,00	introduz o 1º valor
532050	Σ+		2,00	introduz o 2º valor
499040	Σ+		3,00	introduz o 3º valor
500690	Σ+		4,00	introduz o 4º valor
510500	Σ+		5,00	introduz o 5º valor
	g	$\bar{x}$	510.456	vendas média
	g	s	13.154,95	desvio-padrão amostral
	g	$\bar{x}$	510.456	vendas média
	Σ+		6,00	6º Valor – média
	g	s	11.766,14	**desvio-padrão populacional**

15.3 Risco, retorno e volatilidade

Retorno pode ser entendido como o ganho, ou prejuízo, de um investimento feito em um determinado período t.

De posse das séries históricas dos valores de ativos (A) no respectivo período t, apuram-se os retornos mensais nominais calculados pelas suas variações discretas de acordo com a seguinte fórmula:

$$R_t = \left[\frac{A_t - A_{t-1}}{A_{t-1}} \right] \times 100$$

Onde:

A_t é o preço do ativo A no instante t e

A_{t-1} o preço no instante anterior $t-1$.

Na calculadora financeira HP 12C, este cálculo pode ser feito utilizado-se a tecla Δ%.

Exemplo

Sabe-se que o preço do lote-padrão da ação da Cia. X, em determinado dia, é de $ 34,92. No dia seguinte, esse lote de ações passa a valer $ 35,31. Nesse caso, o retorno foi:

Teclas (inserção de dados)		Visor	Significado
34,92	ENTER	34,92	valor do lote no primeiro dia
35,31	Δ%	1,12%	retorno percentual

Esse comando seria equivalente a fazer:

$$R_t = \left[\frac{A_t - A_{t-1}}{A_{t-1}} \right] \times 100 = \left[\frac{35,31 - 34,92}{34,92} \right] \times 100 = 1,12$$

Na calculadora financeira HP 12C seria:

Teclas (inserção de dados)			Visor	Significado
	f	REG	0,00	limpa registradores
35,31	ENTER		35,31	valor do lote no segundo dia
34,92	−		0,39	diferença entre o preço no segundo e no primeiro dia
34,92	÷		0,01	variação unitária aproximada por duas casas decimais
100	×		1,12	variação percentual

15.3.1 Risco

É uma medida quantitativa de variação positiva ou negativa (ganho ou perda) nos retornos de um ativo. O desvio-padrão calculado sobre os retornos discretos é chamado de risco.

Exemplo

Considere um ativo que teve numa determinada semana as seguintes cotações no mercado financeiro.

Preço ($)	Rentabilidade
100,00	−
102,43	$\left[\dfrac{102,43 - 100,00}{100,00}\right] \times 100 = 2,43\%$
105,20	$\left[\dfrac{105,20 - 102,43}{102,43}\right] \times 100 = 2,70\%$
105,00	− 0,19%
106,99	1,90%
108,92	1,80%
110,70	1,63%
Média	1,71%
Risco	0,93%

Podem-se fazer os seguintes cálculos na calculadora financeira HP 12C.

Teclas (inserção de dados)			Visor	Significado
	f	REG	0,00	limpa registradores
2,43	Σ+		1,00	introduz o 1º valor
2,70	Σ+		2,00	introduz o 2º valor
0,19	CHS	Σ+	3,00	introduz o 3º valor
1,90	Σ+		4,00	introduz o 4º valor
1,80	Σ+		5,00	introduz o 5º valor
1,63	Σ+		6,00	introduz o 6º valor
	g	x̄	1,71	retorno médio
	g	s	1,02	desvio-padrão amostral
	g	x̄	1,71	retorno médio
	Σ+		7,00	7º valor – média
	g	s	0,93	risco

15.3.2 Volatilidade

São as flutuações que ocorrem em torno da média. Sinônimo de risco, porém com uma metodologia de cálculo diferente. A diferença está na obtenção do retorno. O cálculo do desvio-padrão dos retornos da série histórica de forma contínua é feito de acordo com a fórmula abaixo:

$$R_t = \ln\left(\frac{A_t}{A_{t-1}}\right) \times 100$$

Onde:

A_t é o preço do ativo A no instante t e
A_{t-1} o preço no instante anterior $t-1$.

O desvio-padrão calculado sobre os retornos contínuos é chamado de volatilidade.

Exemplos

1. Calcule o retorno de forma contínua de um ativo que teve em um certo dia uma cotação de $ 54,90 e, no dia seguinte, $ 56,89:

$$\ln\left(\frac{56,89}{54,90}\right) \times 100 = 3,56\%$$

Na calculadora financeira HP 12C, temos:

Teclas (inserção de dados)			Visor	Significado
	f	REG	0,00	limpa registradores
56,89	ENTER		56,89	cotação no segundo dia
54,90	÷		1,04	divisão dos preços no segundo e no primeiro dia
	g	LN	0,04	logaritmo da divisão
100	×		3,56	retorno calculado continuamente

2. Considere o mesmo exemplo anterior:

Preço ($)	Rentabilidade
100,00	–
102,43	$\ln\left(\frac{102,43}{100}\right) \times 100 = 2,40\%$
105,20	$\ln\left(\frac{105,20}{102,43}\right) \times 100 = 2,67\%$
105,00	– 0,19%
106,99	1,88%
108,92	1,79%
110,70	1,62%
Média	1,70%
Volatilidade	1,00%

Podem-se fazer os seguintes cálculos na calculadora financeira HP 12C:

Teclas (inserção de dados)			Visor	Significado
	f	REG	0,00	limpa registradores
2,40	Σ+		1,00	introduz o 1º valor
2,67	Σ+		2,00	introduz o 2º valor
0,19	CHS	Σ+	3,00	introduz o 3º valor
1,88	Σ+		4,00	introduz o 4º valor
1,79	Σ+		5,00	introduz o 5º valor
1,62	Σ+		6,00	introduz o 6º valor
	g	$\bar{x}$	1,70	retorno médio
	g	s	1,00	desvio-padrão amostral
	g	$\bar{x}$	1,70	retorno médio
	Σ+		7,00	7º valor – média
	g	s	0,92	**volatilidade do ativo**

15.4 Coeficiente de variação

É uma medida estatística que indica a dispersão relativa. Em outras palavras, é o risco por unidade de retorno de um ativo. Dependendo do cálculo do desvio-padrão (amostral ou populacional), o mesmo é calculado pela seguinte expressão:

$$CV = \frac{\sigma}{\mu} \quad \text{ou} \quad CV = \frac{S}{\bar{x}}$$

É uma medida mais exata no sentido de comparação de riscos, por ser uma medida relativa e não absoluta, como é o caso do desvio-padrão. Quanto maior o coeficiente de variação, maior será o risco do ativo.

Exemplo

Dados os retornos de dois ativos A e B, qual deles é mais arriscado:

Período	Ativo A	Ativo B
1	4,6%	8,2%
2	7,3%	4,5%
3	4,2%	5,1%
4	5,7%	7,1%
5	10,8%	3,3%

Para proceder à análise dos ativos, deve-se calcular o coeficiente de variação.

Para introduzir os dados na HP 12C, digitam-se primeiro os retornos do ativo A e depois os do ativo B. Primeiro serão fornecidos os cálculos de média e desvio do ativo A, depois os do ativo B.

Teclas (inserção de dados)					Visor	Significado
	f	REG			0,00	limpa registradores
4,6	ENTER	8,2	Σ+		1,00	introduz o 1º par de valores
7,3	ENTER	4,5	Σ+		2,00	introduz o 2º par de valores
4,2	ENTER	5,1	Σ+		3,00	introduz o 3º par de valores
5,7	ENTER	7,1	Σ+		4,00	introduz o 4º par de valores
10,8	ENTER	3,3	Σ+		5,00	introduz o 5º par de valores
	g	x̄			5,64	retorno médio do ativo B
	X<>Y				6,52	retorno médio do ativo A
	g	s			1,99	desvio-padrão do ativo B
	X<>Y				2,68	desvio-padrão do ativo A

Resumindo:

Período	Ativo A	Ativo B
1	4,6%	8,2%
2	7,3%	4,5%
3	4,2%	5,1%
4	5,7%	7,1%
5	10,8%	3,3%
Média	6,52%	5,64%
Desvio-padrão	2,68%	1,98%
CV	0,41	0,35

Procedendo ao cálculo do coeficiente de variação (CV) para os dois ativos, que é a simples divisão do desvio-padrão pela média, pode-se concluir que o ativo mais arriscado é o A, por apresentar maior coeficiente de variação.

15.5 Análise de risco e sensibilidade de um projeto

Todo projeto de investimento, por mais bem elaborado que possa ser, está sujeito a oscilações que podem alterar sua decisão de investimento. Essas oscilações podem ser: erros de projeção dos fluxos futuros, a volatilidade das taxas de juros e o próprio risco conjuntural do mercado.

Para lidar com situações de risco e incerteza, usa-se a análise de sensibilidade, que é uma técnica de simulação das expectativas futuras dos resultados de determinada variável.

Como foi discutido anteriormente, existe uma sensibilidade muito grande entre a taxa de desconto e o resultado no NPV.

Pode-se ter uma oscilação da taxa de desconto para mais de 10% a.a., assim como para menos de 10% a.a. Pode-se então, tomar a série histórica das taxas de custo de capital da empresa durante, por exemplo, últimos 4 anos e identificar sua dispersão (variabilidade) em torno da média.

Ano	Taxa (i) %
2004	10%
2005	8%
2006	10%
2007	12%

Introduzindo estes resultados na HP 12C:

Teclas (inserção de dados)			Visor	Significado
	f	REG	0,00	Limpa registradores
10	Σ+		1,00	i% de 2004
8	Σ+		2,00	i% de 2005
10	Σ+		3,00	i% de 2006
12	Σ+		4,00	i% de 2007
	g	$\bar{x}$	10,00	i% média = 10% a.a.
	g	s	1,63	desvio-padrão das taxas de desconto

Exercícios propostos

1. Dadas as cotações de fechamento da Ação **A** em determinada semana, estime o risco e a volatilidade semanal, bem como o retorno esperado.

Data	Preço de Fechamento $
D1	100,00
D2	102,22
D3	107,96
D4	106,69
D5	110,62

2. Admitindo, que em determinada data, um fundo de renda fixa e a bolsa de valores tenham oferecido os seguintes retornos mensais:

Data	Renda fixa (% a.m.)	Bolsa de Valores (% a.m.)
Jan.	2,85%	19,83%
Fev.	2,45%	– 3,76%
Mar.	2,12%	– 0,06%
Abr.	2,08%	4,22%
Maio	2,16%	10,92%
Jun.	1,84%	5,52%
Jul.	2,10%	1,31%
Ago.	1,99%	2,22%
Set.	1,94%	2,99%
Out.	1,96%	1,34%
Nov.	1,78%	2,03%
Dez.	1,83%	5,61%

   Pede-se estimar o retorno médio esperado e o desvio-padrão de cada investimento.

3. A seguir são apresentados os retornos esperados de uma ação e do índice de mercado, considerando três cenários prováveis:

Cenários	Probabilidade	Retorno de Mercado	Retorno da ação
Otimista	30%	20%	16%
Mais Provável	50%	10%	11%
Pessimista	20%	5%	−1%

Pede-se apurar:
a) retorno esperado da ação
b) retorno esperado do mercado
c) desvio-padrão dos retornos da ação

4. A tabela a seguir mostra as despesas com propaganda (expressas como porcentagem das despesas totais) e o lucro líquido operacional (expresso em porcentagem do total de vendas).

Despesas	1,5	1,0	2,8	0,4	1,3	2,0
Lucro	3,6	2,8	5,4	1,9	2,9	4,3

Ache os desvios das despesas e do lucro.

5. Considere uma carteira composta de 3 ativos (valores a receber). Calcule o prazo médio (ponderado).

Ativo	Prazo da Cobrança em Dias	Valor ($)
A	40	2.000
B	75	3.800
C	90	14.400

6. Analise os ativos a seguir cujas rentabilidades nos períodos são informadas na tabela, e informe qual é o mais arriscado:

Período	Ativo A	Ativo B
1	2,0%	3,5%
2	3,8%	8,7%
3	9,7%	4,9%
4	6,4%	5,2%
5	7,5%	9,1%
6	4,3%	6,6%

7. A partir das cotações de fechamento dos ativos abaixo, calcule a média e o desvio-padrão dos preços.

Período	VALE5 (R$)	ACES4 (R$)
Dez./06	53,58	53,43
Jan./07	59,43	56,36
Fev./07	61,86	63,11
Mar./07	63,79	71,63
Abr./07	70,30	72,81
Maio/07	73,43	70,90
Jun./07	72,49	68,26
Jul./07	80,90	73,10

Respostas dos exercícios

1) Retorno: 2,59%; Risco = 2,87%;
   Volatilidade: 2,81%.
2) RF: ret.: 2,09%; Risco = 0,30%
   Bolsa: ret.: 4,35%; Risco = 6,03%
3) a) 10,10%
   b) 12%
   c) 5,95%
4) Despesas: 0,829
   Lucros: 1,24
5) 82,23
6) Risco A: 2,79% – mais arriscado
7) Risco B: 2,22%
   Vale5: Média: 66,97 DP: 8,86
   Aces4: Média: 66,20 DP: 7,71

16

REGRESSÃO LINEAR E CORRELAÇÃO

Objetivo do capítulo

O capítulo visa mostrar o cálculo e as aplicações da regressão linear. Esta metodologia estatística é amplamente adotada nos modernos métodos de avaliação de risco de investimento e previsões.

16.1 Regressão linear

Fazer a análise de uma regressão linear simples corresponde a encontrar uma equação matemática de reta **y = a + bx** que melhor representa a relação entre as variáveis x e y, em uma amostra selecionada de cada uma das variáveis.

A variável y é definida como a variável dependente, ou a variável que será explicada pelo comportamento da variável x, que é a variável independente ou explicativa. A análise de regressão pode ser usada tanto para se estimar um determinado valor dentro do intervalo de amplitude da amostra selecionada para as variáveis x e y, como para predizer algum valor fora do limite preestabelecido para as variáveis.

O termo independente da equação (a) é chamado de coeficiente linear da reta, ou intercepto da reta no eixo das ordenadas (y). O termo (b) é o coeficiente angular da reta, que irá informar a inclinação dessa reta. A determinação desses coeficientes é feita através do método dos mínimos quadrados, cuja dedução algébrica é feita a seguir:

$\sum y = an + b \sum x$
$\sum xy = a \sum x + b \sum x^2$

Ao resolver as equações acima, encontram-se os valores:

$$\begin{cases} b = \dfrac{\sum xy - \dfrac{\sum x \sum y}{n}}{\sum x^2 - \dfrac{(\sum x)^2}{n}} \\ \\ a = \dfrac{\sum y}{n} - b \end{cases}$$

Exemplo

Estimar a reta de regressão para os seguintes valores de pontos:

Variável x	Variável y
1	5
2	7
3	9
4	11

Pode-se fazer:

	x	y	x^2	xy
	1	5	1	5
	2	7	4	14
	3	9	9	27
	4	11	16	44
Soma	10	32	30	90

Montando o sistema:

$$\begin{array}{|l|} \hline \sum y = an + b \sum x \\ \hline \sum xy = a \sum x + b \sum x^2 \\ \hline \end{array} \Rightarrow \begin{array}{|l|} \hline 32 = 4a + 10b \\ \hline 90 = 10a + 30b \\ \hline \end{array}$$

Onde: n é o número de pares de informações, no caso $n = 4$

Resolvendo o sistema, tem-se: $a = 3$ e $b = 2$

Dessa forma, a reta de regressão para os dados acima seria: $y = 3 + 2x$

Na HP 12C, podem-se obter os dados que ficam armazenados nos registradores estatísticos, a saber:

Registrador estatístico	Registrador da HP 12C
n	R_1 (é o visor)
$\sum x$	R_2
$\sum x^2$	R_3
$\sum y$	R_4
$\sum y^2$	R_5
$\sum xy$	R_6

Antes de introduzir os dados na HP 12C, é necessário limpar os registros estatísticos fazendo f Σ+ ou f CLx.

Para introduzir os dados dos pares ordenados na calculadora, deve-se informar primeiro o valor de *y* e, posteriormente, o valor de *x*.

	Teclas (inserção de dados)			Visor	Significado
	f	REG		0,00	Limpa registradores
5	ENTER	1	Σ+	1,00	1º par de pontos
7	ENTER	2	Σ+	2,00	2º par de pontos
9	ENTER	3	Σ+	3,00	3º par de pontos
11	ENTER	4	Σ+	4,00	4º par de pontos
	RCL	1		4,00	valor de *n*
	RCL	2		10,00	valor de $\sum x$
	RCL	3		30,00	valor de $\sum x^2$
	RCL	4		32,00	valor de $\sum y$
	RCL	6		90,00	valor de $\sum xy$

Dessa forma, consegue-se completar todos os itens do sistema linear para se calcularem os valores de *a* e de *b*.

Todavia, a HP 12C também faz a estimativa desses coeficientes através das funções g 1 e g 2.

Tais funções são de estimação dos valores de *x* ou de *y*, conforme é dado um dos parâmetros. Por exemplo: para estimar o valor de *a*, deve-se estimar o valor de *y*, dado que o $x = 0$, sendo $y = a + bx = a + b(0) = a$.

Na HP 12C:

Teclas (inserção de dados)				Visor	Significado
	f		REG	0,00	limpa registradores
5	ENTER	1	Σ+	1,00	1º par de pontos
7	ENTER	2	Σ+	2,00	2º par de pontos
9	ENTER	3	Σ+	3,00	3º par de pontos
11	ENTER	4	Σ+	4,00	4º par de pontos
0	g		ŷ,r	3,00	valor de a

Se $y = 0$ e sendo $y = a + bx$, tem-se $0 = a + bx$ e então $b = \dfrac{-a}{x}$

onde x é o valor estimado para $y = 0$.

Na HP 12C, continuando a tabela anterior:

Teclas (inserção de dados)				Visor	Significado
	STO	0		3,00	armazena o valor de a no registro zero
0	g	x̂,r		– 1,50	valor estimado de x quando y = 0
	RCL	0		3,00	recupera o valor de a
	X<>Y	CHS	÷	2,00	valor de b

Outra maneira de se estimar o valor de b seria estimar y quando $x = 1$, de onde se tem: $y = a + b(1) = a + b$ e subtrair o valor de a

Teclas (inserção de dados)				Visor	Significado
0	g	ŷ,r		3,00	valor de a
	STO	0		3,00	armazena o valor de a no registro zero
1	g	ŷ,r		5,00	valor estimado de y quando x = 1
	RCL	0		3,00	recupera o valor de a
	–			2,00	valor de b

16.2 Correlação

O coeficiente de correlação linear r (Coeficiente de Correlação de Pearson) mede o grau de relacionamento linear entre os valores emparelhados x e y em uma amostra.

O coeficiente de correlação linear é chamado, às vezes, de coeficiente de correlação momento-produto de Pearson. Varia entre – 1 e 1, sendo esses extremos a indicação de associação linear negativa e positiva perfeita, respectivamente. O coeficiente de correlação para a população é representado por "r".

É calculado através da expressão:

$$r = \frac{n \sum xy - (\sum x)(\sum y)}{\sqrt{\left[n \sum x^2 - (\sum x)^2\right]\left[n \sum y^2 - (\sum x)^2\right]}}$$

Podem-se obter os dados, como, por exemplo:

	x	y	x²	xy	y²
	1	5,5	1	5,5	30,25
	2	7	4	14	49
	3	10,5	9	31,5	110,25
	4	11	16	44	121
Soma	10	34	30	95	310,5

Assim:

$$r = \frac{4(95) - (10)(34)}{\sqrt{[4(30) - (10)^2][4(310,5) - (34)^2]}} = \frac{40}{\sqrt{1720}} = 0,965$$

Outra forma de se obter a correlação é através da expressão:

$$r = \frac{COVAR_{x,y}}{\sigma_x \times \sigma_y}$$

onde

$$\sigma_x = \sqrt{\frac{\sum_{i=1}^{n}(x_i - \bar{x})^2}{n}} \quad e \quad \sigma_y = \sqrt{\frac{\sum_{i=1}^{n}(y_i - \bar{y})^2}{n}}$$

A COVAR$_{x,y}$ = $\frac{1}{n} \sum_{i=1}^{n} (x_i - \bar{x})(y_i - \bar{y})$ representa a covariância entre as variáveis x e y, que nada mais é do que uma medida de associação entre as variáveis x e y, não estando no intervalo –1 a 1.

Calculando, tem-se:

x	y	x²	xy	y²	$(x - \bar{x})$	$(y - \bar{y})$	$(x - \bar{x})(y - \bar{y})$	$(x - \bar{x})^2$	$(y - \bar{y})^2$
1	5,5	1	5,5	30,25	–1,5	–3	4,5	2,25	9
2	7	4	14	49	–0,5	–1,5	0,75	0,25	2,25
3	10,5	9	31,5	110,25	0,5	2	1	0,25	4
4	11	16	44	121	1,5	2,5	3,75	2,25	6,25
10	34	30	95	310,5	0	0	10	5	21,5

Calculando:

$$\text{COVAR}_{x,y} = \frac{10}{4} = 2,5;\ \sigma_x = \sqrt{\frac{5}{4}} = 1,1180;\ \sigma_y = \sqrt{\frac{21,5}{4}} = 2,3184$$

e assim:

$$r = \frac{2,5}{1,1180 \times 2,318} = \frac{2,5}{2,5921} = 0,965$$

Na HP 12C:

Teclas (inserção de dados)					Visor	Significado
	f	REG			0,00	limpa registradores
5,5	ENTER	1		Σ+	1,00	1º par de pontos
7	ENTER	2		Σ+	2,00	2º par de pontos
10,5	ENTER	3		Σ+	3,00	3º par de pontos
11	ENTER	4		Σ+	4,00	4º par de pontos
	g	$\bar{x}$			2,50	média de x

continua

	X<>Y	ENTER		8,50	média de y
	g	x̄	Σ+	5,00	acrescenta mais um par ordenado referente às médias que não irão alterar as médias, mas comporão o desvio-padrão populacional
	g	x̄		2,50	confirmando a média de x
	X<>Y			8,50	confirmando a média de y
	g	s		1,1180	desvio-padrão de x
	X<>Y			2,3184	desvio-padrão de y

A correlação poderia ser calculada antes mesmo de se chegar nos desvios da população. Basta fazer logo após a entrada dos dados da amostra:

Teclas (inserção de dados)			Visor	Significado
0	g	ŷ,r	3,50	Vlr. estimado de y quando x = 0
	X<>Y		0,965	coeficiente de correlação (r)

16.2.1 Aplicações da regressão linear

Uma das aplicações da regressão linear no mercado financeiro é a equação da reta característica. Essa reta permite que se relacione, dentro do modelo de precificação de ativos, o comportamento de um título diante da carteira de mercado.

Procura descrever como as ações, por exemplo, se movem diante de alterações verificadas no mercado como um todo. A relação entre os retornos de um título e os retornos da carteira de mercado pode ser desenvolvida por meio de dados históricos, admitindo-se nesta situação que os retornos verificados no passado sejam previsivelmente repetidos no futuro, ou mediante certas estimativas de valores futuros esperados.

Identificados os retornos do ativo e da carteira de mercado, podem-se plotar tais valores em um gráfico, obtendo-se a denominada **reta característica**.

Nesta regressão são identificadas duas importantes medidas financeiras: **coeficiente beta** e **coeficiente alfa**, respectivamente, o coeficiente b (angular) e a (linear) da reta y = a + bx.

A equação da reta característica, a partir da equação da reta (**y = a + bx**), é expressa da seguinte forma:

$$R_j - R_f = a + \beta (R_m - R_f)$$

Onde:

R_j	= retorno proporcionado por uma ação em cada período de tempo estudado
R_f	= taxa de juros livre de risco
$R_j - R_f$	= retorno adicional da ação em relação ao retorno dos títulos sem risco (prêmio pelo risco de se investir na ação)
$R_m - R_f$	= retorno adicional do mercado em relação ao retorno dos títulos sem risco (prêmio pelo risco de mercado)
β	= coeficiente beta parâmetro angular da reta de regressão que identifica o risco sistemático do ativo em relação ao mercado
α	= coeficiente alfa parâmetro linear da regressão que indica o retorno esperado em excesso de um ativo, na hipótese de o retorno em acesso da carteira de mercado ser nulo. Em outras palavras, representa o prêmio pelo risco oferecido pelo ativo.

A Figura 16.1 ilustra a equação da reta característica de uma determinada ação. Ao relacionar informações passadas, a reta característica permite estabelecer uma tendência do comportamento da ação ao longo do tempo.

Figura 16.1 Reta Característica

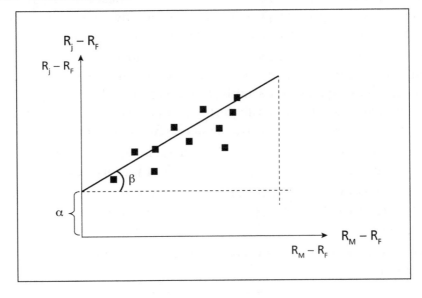

O parâmetro alfa indica o retorno esperado em excesso de um ativo, na hipótese de o retorno em excesso da carteira de mercado ser nulo. Em outras palavras, representa o intercepto da reta característica com o eixo das ordenadas, indicando o prêmio pelo risco oferecido pelo ativo.

Evidentemente, se a reta partisse da origem, o valor do alfa seria nulo; se a reta característica se originasse de um ponto abaixo da origem, seria apurado um valor negativo para o coeficiente alfa, o que desestimularia um investidor a investir nesse ativo (uma ação, no caso).

O parâmetro beta indica o risco sistemático proveniente do modelo CAPM – *Capital Asset Pricing Model*.[1] Admite-se que a carteira de mercado, por conter unicamente risco sistemático (o risco não sistemático foi todo eliminado pela diversificação), apresenta beta igual a 1,0.

O valor do coeficiente beta é calculado por meio da seguinte expressão:

$$b = \frac{COVAR_{x,y}}{VAR_{Rm}}$$

Colocando-se essa metodologia de cálculo no contexto do modelo CAPM, tem-se:

$$\beta_p = \frac{COVAR_{Rj.Rm}}{VA_{Rm}}$$

Na avaliação do risco de uma carteira, o beta é entendido como a média ponderada de cada ativo (β^j) contido na carteira, pela sua proporção relativa (W^j) de participação:

$$\beta_p = \sum_{j=1}^{n} \beta_j \times VAR_j$$

Pelo enunciado da equação da reta característica, quanto maior for o beta, mais elevado se apresentará o risco da ação, e, ao mesmo tempo, maior seu retorno esperado.

Uma ação com beta maior que 1,0 retrata um risco sistemático mais alto que o da carteira de mercado, sendo por isso interpretado como um investimento mais "agressivo". Um beta menor que 1,0, diz-se que o investimento é mais "defensivo".

O risco não sistemático (diversificado) é identificado pela dispersão dos retornos dos ativos em relação aos movimentos do retorno da carteira de mercado, conforme ilustrados na reta característica, o que pode ser notado por meio dos pontos dispersos em torno da reta característica.

---

[1] Modelo de Precificação de Ativos. Modelo originalmente proposto por William F. Sharpe.

Quanto maior a dispersão apresentada na reta de regressão, mais alto é o risco diversificável do ativo.

Exemplo

O quadro a seguir ilustra os retornos em excesso das ações de uma certa empresa e as do mercado como um todo, referentes aos sete últimos anos:

ANO	$R_j - R_f$	$R_m - R_f$
X1	16,2%	15,0%
X2	14,7%	12,1%
X3	20,5%	17,0%
X4	8,4%	8,0%
X5	– 6,7%	– 5,5%
X6	10,0%	9,5%
X7	11,6%	12,0%

Na HP 12C, tem-se:

Teclas (inserção de dados)						Visor	Significado
		f	REG			0,00	limpa registradores
0,162		ENTER	0,15	Σ+		1,00	1º par de pontos
0,147		ENTER	0,121	Σ+		2,00	2º par de pontos
0,205		ENTER	0,17	Σ+		3,00	3º par de pontos
0,084		ENTER	0,08	Σ+		4,00	4º par de pontos
0,067	CHS	ENTER	0,055	CHS Σ+		5,00	5º par de pontos
0,10		ENTER	0,095	Σ+		6,00	6º par de pontos
0,116		ENTER	0,12	Σ+		7,00	7º par de pontos
0	g	ŷ,r				– 0,0068	valor de **a** = α = – 0,0068
		STO	0			– 0,0068	armazena o valor de **a** no registro 0
1	g	ŷ,r				1,16016	valor de **a + b** = α + β
		RCL	0	–		1,1669	valor de **b** = β

Dessa forma:

$$R_j - R_f = \alpha + \beta (R_m - R_f)$$
$$R_j = 0,06 = -0,0068 + 1,1669 (R_m - 0,06)$$

Por exemplo: se o retorno de mercado estiver em 9%, e a taxa livre de risco em 6%, o retorno exigido pelo mercado para a ação desta empresa será:

$$R_j = -0,0068 + 0,06 + 1,1669 (0,09 - 0,06)$$
$$R_j = 0,08821 = 8,82\%$$

16.3 Coeficiente de determinação

O coeficiente de determinação (R^2), que nada mais é do que o quadrado do coeficiente de correlação de Pearson, representa a variação da variável dependente que pode ser explicada pelas variações da variável independente. Quanto mais próximo de 1 este coeficiente estiver, melhor a qualidade do ajuste da equação.

No exemplo anterior, $r = 0,965$ e $R^2 = (0,965)^2 = 0,931$, isto é, 93,1% das variações de y podem ser explicadas pelas variações de x, e somente 6,9% (100% − 93,1%) da variabilidade da amostra podem ser explicados por fatores diferentes daquele que é levado em conta no modelo de regressão linear.

Isso significa que o risco sistemático da ação é de 93,1% e o risco diversificável é de 6,9%.

A figura a seguir ilustra essa situação.

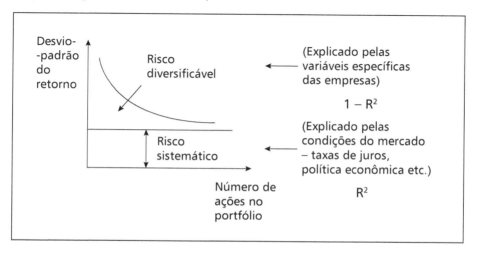

16.4 Modelos não lineares

Os modelos construídos na análise de regressão são modelos estritamente lineares. Todavia, em muitas situações reais, os dados podem não apresentar um comportamento linear. Considere, por exemplo, o crescimento da receita de vendas de uma empresa nos últimos 5 anos:

Ano	Vendas $
1	2
2	20
3	80
4	205
5	930

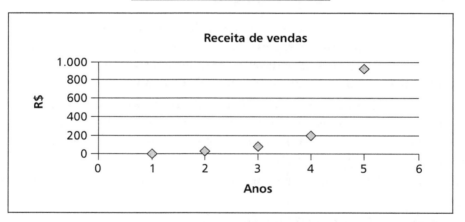

Observando o gráfico acima, nota-se que os pontos não apresentam um comportamento linear. Desejando-se ajustar um modelo linear, tem-se os seguintes resultados:

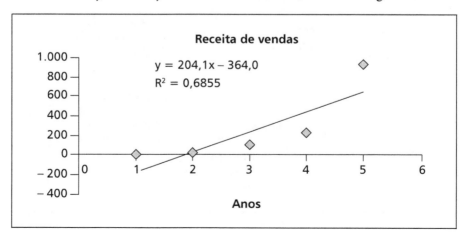

Dessa forma, o modelo linear não ajusta adequadamente os dados, pois a variável dependente só consegue explicar 68,55% das variações das vendas.

Um modelo de potência, do tipo $y = ax^b$, possivelmente se ajustaria melhor aos dados. Porém, a HP 12C não faz o ajuste deste modelo diretamente, sendo necessário efetuar uma transformação nos parâmetros do tipo logaritmo, podendo este ser decimal ou neperiano.

A transformação seria:

$y = a \times x^b$
$\ln y = \ln(ax^b)$
$\ln y = \ln a + \ln x^b$
$\ln y = \ln a + b \ln x$

Observa-se que a última linha das equações acima é semelhante a um modelo linear do tipo $y = a + bx$, porém com as variáveis transformadas. Faz-se uma mudança de variáveis: $Y = A + bX$, onde $Y = \ln y$; $A = \ln a$ e $X = \ln x$.

Para identificar os novos parâmetros, toma-se o logaritmo neperiano para cada uma das variáveis:

Ano	Vendas $	ln(ano)	ln(venda)
1	2	0	0,693147
2	20	0,693147	2,995732
3	80	1,098612	4,382027
4	205	1,386294	5,32301
5	930	1,609438	6,835185

Deve-se agora ajustar um modelo de regressão linear para os dados transformados (logaritmizados):

O passo seguinte é fazer a transformação inversa das variáveis (deslogaritmização), para obter os parâmetros do modelo de potência a partir do modelo linear. O parâmetro **b = 3,653** não sofre alteração.

O valor de **A = ln a** fica **0,5481 = ln a**, de onde $a = e^{0,5481}$, que na HP 12 C:

Teclas (inserção de dados)			Visor	Significado
f	REG		0,00	Limpa registradores
0,5481	g	e^x	1,7299	valor do parâmetro a

Assim, o modelo fica: **y = 1,7299$e^{3,653}$** e o valor de **R2 = 0,9858** se mantém.

Exercícios propostos

1. É muito provável que as despesas afetem as vendas. Portanto, para os dados abaixo de uma empresa de varejo, as despesas são definidas como a variável independente e plotadas sobre o eixo x com as vendas como variável dependente plotada no eixo y.

Vendas	Despesas
$ 25.000	800,00
$ 35.000	1200,00
$ 29.000	1100,00
$ 24.000	500,00
$ 38.000	1400,00

Vendas	Despesas
$ 12.000	300,00
$ 18.000	600,00
$ 27.000	800,00
$ 17.000	400,00
$ 30.000	900,00

Pede-se determinar:

a) correlação entre as vendas e as despesas;
b) equação da reta de regressão;
c) se as despesas forem de $ 700, qual é o valor das vendas previstas?;
d) o coeficiente de determinação.

2. Com base nos dados dos retornos da ação X e os retornos da carteira de mercado, pede-se:

Data	Retorno da ação X	Retorno da Carteira de Mercado
2012	15,3%	14,0%
2013	13,6%	12,5%
2014	21,1%	18,2%
2015	10%	9,4%
2016	– 7,6%	– 6,5%
2017	11%	10,5%
2018	12%	11,4%

a) correlação entre os ativos;
b) equação da reta por regressão linear, tendo o retorno da carteira de mercado como variável dependente e retorno da ação como independente;
c) coeficiente de determinação.

3. Com base nos dados dos retornos da ação Y e os retornos da carteira de mercado, pede-se:

Data	Retorno da ação Y	Retorno da carteira de Mercado
2014	10%	20%
2015	– 6%	– 12%
2016	9%	18%
2017	11%	16%
2018	15%	9%

a) o índice beta da ação, que nada mais é do que o quociente entre a covariância dos retornos pela variância;
b) correlação entre os ativos;
c) equação da reta por regressão linear, tendo o retorno da carteira de mercado como variável dependente e retorno da ação como independente;
d) coeficiente de determinação.

4. Nos últimos cinco anos foram registrados os seguintes retornos de uma ação e do retorno da carteira de mercado:

Ano	Retorno da Ação Cia. MB	Retorno do Mercado Índice Bovespa
2014	12%	25%
2015	15%	28%
2016	– 4%	9%
2017	2%	4,5%
2018	3%	4%

Pede-se calcular o coeficiente beta da ação.

5. São apresentados a seguir os resultados operacionais anuais de caixa estimados para dois projetos de investimento e suas respectivas probabilidades. A duração dos projetos é de três anos.

Probabilidade	Projeto A	Projeto B
30%	$ – 20.000	$ 40.000
50%	$ 160.000	$ 100.000
20%	$ 180.000	$ 200.000

O investimento exigido para cada projeto é de $ 100.000. O projeto de maior risco é avaliado a uma taxa de 18% a.a., e o menos arriscado a uma taxa de 12% a.a.

Pede-se determinar:
a) fluxo de caixa esperado anual e o desvio-padrão de cada projeto;
b) NPV de cada projeto ajustado ao risco.

6. Nos últimos seis anos foram registrados os seguintes retornos da ação da Cia. Pedro e do Índice Bovespa:

Ano	Cia. Pedro	Ibovespa
01	17,79%	– 11,68%
02	– 3,58%	– 18,64%
03	57,76%	67,97%
04	30,01%	16,39%
05	46,17%	24,46%
06	23,30%	12,34%

Pede-se determinar:
a) o índice beta da ação, que nada mais é do que o quociente entre a covariância dos retornos pela variância do mercado;
b) correlação entre ativos;
c) equação da reta por regressão linear, sendo o Ibovespa a variável dependente e o retorno da companhia Pedro a independente;
d) coeficiente de determinação.

7. Com base nos dados dos retornos da ação da Vale do Rio Doce (VALE5) e os retornos do Ibovespa, pede-se:

Data	Retorno da ação VALE5	Retorno do Ibovespa
2014	58,81%	97,34%
2015	36,15%	17,81%
2016	35,63%	27,71%
2017	32,54%	32,93%
2018	90,84%	43,65%

Fonte: Economática.

a) correlação entre os ativos;
b) o índice beta da ação;
c) risco sistemático da ação;
d) risco diversificável.

8. Com base nos dados dos retornos da ação A e dos retornos do Índice de Bolsa, pede-se:

Data	Retorno da ação A	Retorno do Índice
2014	507,73%	97,34%
2015	100,45%	17,81%
2016	– 42,31%	27,71%
2017	– 17,00%	32,93%
2018	– 3,00%	43,65%

Fonte: Economática.

a) correlação entre os ativos;
b) o índice beta da ação;
c) risco sistemático da ação;
d) risco diversificável.

Respostas dos exercícios

1) a) r = 0,9482
   b) y = 8.327,59 + 21,47x
   c) y = 23.353,42
   d) R^2 = 0,8991
2) a) r = 0,9986
   b) y = 1,1401x + 0,0055
   c) R^2 = 0,9971
3) a) beta = 0,507
   b) r = 0,8247
   c) y = 0,507x + 0,0263
   d) R^2 = 0,6802
4) beta = 0,583
5) a) FC(A) = $ 110.000,00
   DP(A) = $ 85.440,04
   FC(B) = $ 102.000,00

   DP(B) = $ 55.461,70
   b) NPV (A) = $ 139.170,02;
   NPV (B) = $ 144.986,79
6) a) beta = 0,6525
   b) r = 0,9291
   c) y = 0,6525x + 0,187
   d) R^2 = 0,8633
7) a) r = 0,3997
   b) beta = 0,3139
   c) R^2 = 15,978%
   d) 84,022%
8) a) r = 0,88
   b) beta = 6,48
   c) R^2 = 78,19
   d) 21,81%

17

OPÇÕES

Objetivo do capítulo

Este capítulo dedica-se ao estudo das opções nas decisões de investimentos financeiros. Devem ser ressaltados os programas desenvolvidos para a HP 12C, de forma bastante original e simples, de avaliação de opções.

Uma opção representa um direito de seu detentor em comprar ou vender determinado ativo em certa data, a um preço determinado. Pode-se associar um contrato de uma opção a um seguro de carro, em que o segurado tem a opção de utilizar o valor do seguro caso ocorra algum sinistro.

O agente que lançou no mercado esta opção tem a obrigação de vender ou comprar o ativo, caso o primeiro tenha interesse. Esse agente é chamado lançador e tem o direito a um prêmio pelo risco assumido.

Existem basicamente dois tipos de contratos de opções: a **opção de compra** (*call*), a qual dá ao seu detentor o direito de comprar determinado ativo, em até certa data, a um preço estabelecido; e uma **opção de venda** (*put*), que dá a seu detentor o direito de vender o ativo, em até uma certa data, ao preço combinado no momento da transação do título.[1]

O preço de compra ou venda é chamado de preço de exercício (*strike price*). A data acertada de compra ou venda chama-se data de vencimento (*maturity*).

Uma opção pode ser do tipo europeia ou americana. A opção europeia pode ser exercida apenas na data do vencimento, já a opção americana pode ser exercida a qualquer momento, até a data de vencimento.

---

[1] O desenvolvimento conceitual de Opções e Modelos de Avaliação desenvolvido neste capítulo baseia-se em: HULL, JOHN C. *Fundamentos dos mercados futuros e de opções*. 4. ed. São Paulo: BM&F, 2009.

Adotam-se as seguintes variáveis:

V = volatilidade;
S = preço atual do ativo;
S_n = preço do ativo na data de vencimento;
X = preço de exercício;
n = prazo de vencimento;
R_f = taxa de juros livre de risco;
C_A = valor de uma opção de compra americana;
C_E = valor de uma opção de compra europeia;
V_A = valor de uma opção de venda americana;
V_E = valor de uma opção de venda europeia;
C_{An} = valor de uma opção de compra americana na data do vencimento;
C_{En} = valor de uma opção de compra europeia na data do vencimento;
V_{An} = valor de uma opção de venda americana na data do vencimento;
V_{En} = valor de uma opção de venda europeia na data do vencimento.

Qualquer investidor pode assumir as seguintes posições:

➪ **comprada em opção de compra** = aquele que compra uma opção de compra;

➪ **vendida em opção de compra** = aquele que vende uma opção de compra;

➪ **comprada em opção de venda** = aquele que compra uma opção de venda; e

➪ **vendida em opção de venda** = aquele que vende uma opção de venda.

17.1 Modelo binomial

A distribuição binomial é uma distribuição de probabilidade teórica que descreve situações com as seguintes características: experimentos que consistem em um número finito de tentativas, repetidas, com apenas dois resultados possíveis, sucesso ou fracasso; os resultados do experimento são independentes, isto é, o resultado de um não afeta o resultado dos eventos subsequentes, e as probabilidades de sucesso e não sucesso são conhecidas e permanecem inalteradas durante o experimento.

O modelo binomial nada mais é do que um diagrama que representa os diferentes caminhos que podem ocorrer na variação do preço da ação durante a vida útil da opção.

Ilustrativamente, pode-se entender da seguinte maneira:

> Considere que o preço de uma ação hoje é $ 200,00 e sabe-se que ao fim de três meses será $ 220,00 ou $ 180,00. Deseja-se saber o preço de uma opção de compra europeia que dá o direito de comprar uma ação por $ 210,00 em três meses.

Essa opção assumirá um dos dois valores ao fim de três meses. Se o preço da ação for $ 220,00, o valor da opção será $ 1,00; se o preço da ação for $ 180,00, o preço da opção será zero.

A figura a seguir ilustra o modelo binomial para dois períodos de tempo, onde S_u representa o maior preço do ativo e S_d o menor preço do ativo, no intervalo de tempo dado:

Figura 17.1 Árvore binomial de dois períodos

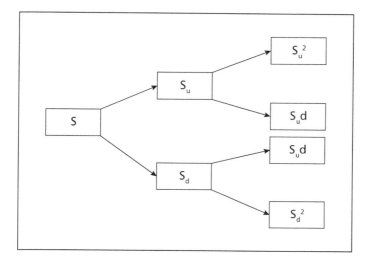

17.1.1 Equações do modelo binomial

O período binomial segue as seguintes equações:

$$u = e^{\sigma\sqrt{\Delta t}}$$

$$d = e^{-\sigma\sqrt{\Delta t}} = \frac{1}{u}$$

$$p = \frac{e^{R_f \Delta t} - d}{u - d}$$

onde:

u = taxa contínua de crescimento do preço do ativo;

d = taxa contínua de decréscimo do preço do ativo;

σ = desvio-padrão anual da taxa contínua de retorno do ativo;

r = taxa de juros anualizada capitalizada continuamente;

S_u = maior valor do ativo;

S_d = menor valor do ativo;

X = preço de exercício da opção;

S = preço à vista do ativo.

Pode-se generalizar a árvore binomial dos preços de uma ação. No momento, tem-se o preço da ação (S_o) conhecido. No momento Δt, há dois preços possíveis para ação, $S_o u$ ou $S_o d$; no momento 2Δt, há três preços possíveis para a ação, $S_o u^2$, S_o^2, $S_o d^2$, e assim por diante.

Generalizando, no momento iΔt, são considerados (i + 1) preços possíveis, a saber:

$$S_{i,j} = S_0 \, u^j \, d^{i-j}, \quad j = 0, 1 \ldots, i$$

Observe que a relação **d = 1/u** é usada no cálculo do preço da ação a cada "nó" da árvore, tornando a árvore "recombinante" no sentido de que o movimento de alta (*up*), seguido por um movimento de baixa (*down*), leva ao mesmo preço da ação que *down* seguido de *up*.

Figura 17.2 Árvore para apreçar preço sobre ação

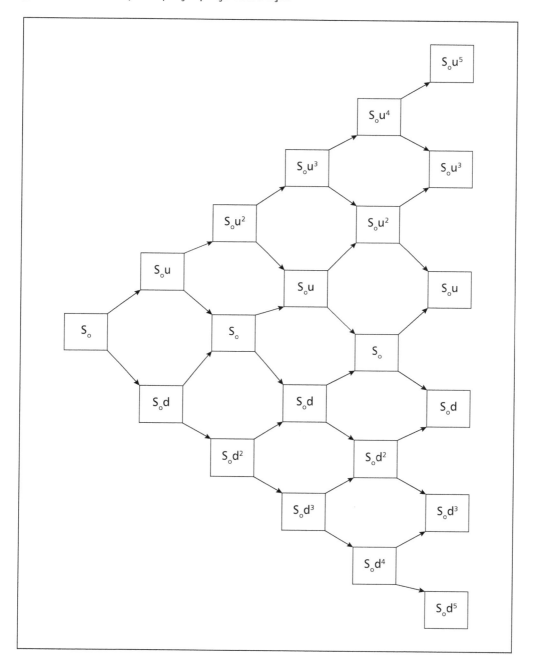

Exemplo

Considere a opção de venda de cinco meses sobre a ação que não paga dividendos. O preço da ação é $ 50,00; o preço do exercício $ 50,00; a taxa livre de risco é 10% a.a. e a volatilidade é de 40% a.a. Calcular o valor intrínseco da opção.

Solução:

Do enunciado: $S_0 = 50$; $X = 50$; $R_f = 10\% = 0,10$; $\sigma = 0,40$ e $n = 5/12 = 0,4167$.

Como são 5 meses, divide-se a vida da opção em cinco intervalos de extensão igual a um mês para os objetivos de construção da árvore binomial, sendo $\Delta t = 1/12$.

Tem-se das equações do modelo binomial:[2]

$$u = e^{\sigma\sqrt{\Delta t}} = e^{0,40\sqrt{1/12}} = 1,1224$$

$$d = e^{-\sigma\sqrt{\Delta t}} = 0,8908$$

$$p = \frac{e^{R_f \Delta t} - d}{u - d} = 0,5073$$

$$q = 1 - p = 0,4927$$

Isto significa que a probabilidade de movimento *up* é 50,73% e de movimento *down* é 49,27%. Em cada nó da árvore há dois números: o superior mostra o preço da ação e o inferior o valor da opção. O preço da ação no j-ésimo(j = 0,1,....,i) nó na data $i\Delta t$ (i = 0, 1....., j) é calculado por $S_{i,j} = S_0 u^j d^{i-j}$, ou seja, o preço da ação no nó (i = 4, j = 1, o segundo nó para cima, no fim do quarto passo) é: $50 \times 1,1224 \times 0,8909^3 = 39,69$.

Os preços da opção nos nós finais (de A a F) são calculados como máximo $(X - S_T; 0)$. Os preços da opção nos penúltimos nós são calculados a partir dos preços da opção nos nós finais.

Assume-se que, primeiramente, não há exercício nos nós. Isso significa que o preço da opção é calculado como o valor presente do preço esperado da opção no passo seguinte. Por exemplo, no nó I, o preço da opção é calculado:

---

[2] Na Figura 17.3, cada um dos nós é indicado por uma letra maiúscula.

Figura 17.3 Árvore binomial do exemplo

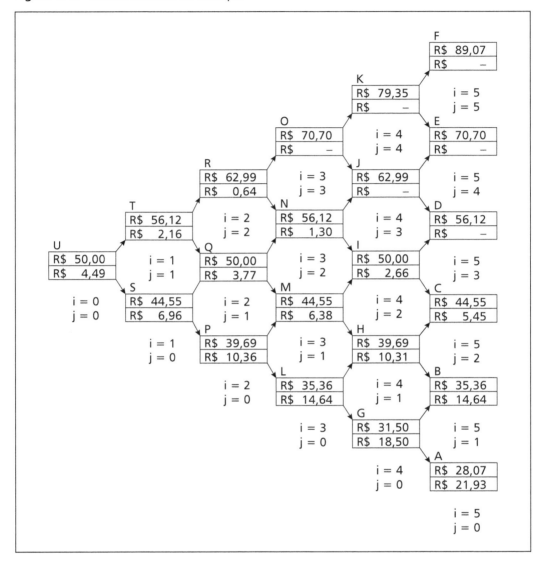

No nó H:

$$(0{,}5073 \times 5{,}45 + 0{,}4927 \times 14{,}64)\, e^{-10 \times 1/12} = 9{,}90$$

Em seguida, verifica-se se o exercício antecipado é preferível no nó I. O exercício antecipado daria valor zero para a opção, porque tanto o preço da ação no tempo (50) quanto no exercício (50) são iguais.

Obviamente é melhor esperar, sendo que o valor correto da opção no nó I de $ 2,66.

No H, se a opção for exercida, haverá um recebimento de \$ 50 – \$ 39,90 = \$ 10,31, que é maior que \$ 9,90 obtidos anteriormente.

Ou seja, se o nó H for alcançado, a opção deve ser exercida e o valor correto para a opção é \$ 10,31.

Os preços da opção nos nós anteriores são calculados de maneira similar. Trabalhando para trás na árvore, encontra-se o valor corrente da opção no nó inicial.

17.1.2 Programa na HP 12C

A HP 12C pode ser usada para encontrar cada valor do preço da ação em cada nó da árvore.

Para isso, basta interpretar cada nó como uma matriz de índices i,j para a posição de cada preço no tempo.

Por exemplo, no nó H, os índices seriam i = 4, j = 1.

O seguinte programa deve ser introduzido na HP 12C para esses cálculos:

Teclas (inserção de dados)			Visor	Significado
f	P/R		00– PRGM	entra no modo de programação
f	PRGM		00– PRGM	limpa programas antigos
RCL	n	1/X	02– 22	calcula o inverso do prazo = Δt
g	$\sqrt{X}$		03 – 43 21	raiz do Δt
RCL	i		04 – 45 12	recupera volatilidade
100	÷	x	09– 20	resultado de $\sigma\sqrt{\Delta t}$
g	e^x		10 – 43 22	resultado do valor de *u*
ENTER	ENTER		12– 36	separar valores
RCL	2		13 – 45 2	recupera valor de j
y^x			14– 21	valor de u^j
X<>Y	1/X		16– 22	valor de d = 1/u
RCL	1		17 – 45 1	valor de *i*
RCL	2		18 – 45 2	valor de *j*
–			19– 30	valor de *i* – *j*
y^x			20– 21	valor de d^{i-j}
X			21– 20	valor de $u^i \times d^{i-j}$
RCL	PV		22 – 45 13	valor de S_o
X			23– 20	valor de $S_o \times u^i \times d^{i-j}$
f	P/R		0,00	sai do modo de programação

Calcular o preço da ação em determinada posição na árvore, aplicando-se o programa sugerido na ilustração:

Calcular o preço da ação no tempo i = 4 e j = 1:

Teclas (inserção de dados)			Visor	Significado
	f	REG	0,00	limpa registradores
12	n		12,00	prazo em meses
50	PV		50,00	preço da ação
40	i		40,00	volatilidade
4	STO	1	4,00	posição na árvore
1	STO	2	1,00	posição na árvore
	R/S		39,69	preço da opção

Calcular o preço da ação no tempo i = 3 e j = 2. Tem-se, sem zerar a memória:

3 STO 1
2 STO 2
R/S = $ 56,12

Para compreender este método, é necessário entender que o valor intrínseco de uma ação é o ganho que o investidor teria se a opção fosse exercida inadequadamente. Já o seu valor intrínseco está associado ao tempo até o vencimento, e corresponde à parcela do prêmio assumido pelo risco.

O modelo binomial considera que, no momento do exercício, o valor extrínseco de uma opção é zero, pois não há mais tempo para quaisquer oscilações de preço.

O preço da opção é calculado de maneira regressiva, a partir da data de vencimento.

Os preços da opção nos pontos de (A) a (F) são calculados como MÁXIMO(X − S_T; 0).

Dessa forma, nos pontos:

F = MÁXIMO(50 − 89,07;0) = MÁXIMO(−39,07;0) = 0
E = MÁXIMO(50 − 70,70;0) = MÁXIMO(−20,70;0) = 0
D = MÁXIMO(50 − 56,12;0) = MÁXIMO(−6,12;0) = 0
C = MÁXIMO(50 − 44,55;0) = MÁXIMO(5,45;0) = 5,45
B = MÁXIMO(50 − 35,36;0) = MÁXIMO(14,64;0) = 14,64
A = MÁXIMO(50 − 28,07;0) = MÁXIMO(21,93;0) = 21,93

Nos pontos seguintes calcula-se o preço da opção a partir dos pontos da frente e de acordo com a seguinte regra.

K = (0,5073 × 0 + 0,4927 × 0) × e– 0,10 × 1/12 = 0
J = (0,5073 × 0 + 0,4927 × 0) × e– 0,10 × 1/12 = 0
I = (0,5073 × 0 + 0,4927 × 5,45) × e– 0,10 × 1/12 = 2,66
H = (0,5073 × 5,45 + 0,4927 × 14,64) × e– 0,10 × 1/12 = 9,90
G = (0,5073 × 14,64 + 0,4927 × 21,93) × e– 0,10 × 1/12 = 18,08

Posteriormente, verifica-se se o exercício antecipado é preferível, calculando MÁXIMO(X – ST; 0) para os pontos:

K = MÁXIMO(50 – 79,35;0) = MÁXIMO(–29,35;0) = 0
J = MÁXIMO(50 – 62,99;0) = MÁXIMO(–12,99;0) = 0
I = MÁXIMO(50 – 50,00;0) = MÁXIMO(0;0) = 0
H = MÁXIMO(50 – 39,69;0) = MÁXIMO(10,31;0) = 10,31
G = MÁXIMO(50 – 31,50;0) = MÁXIMO(18,50;0) = 18,50

Compara-se agora o preço do ativo com o preço da opção e escolhe-se o maior entre eles:

Quadro 17.1 Preço da opção nos nós e no exercício antecipado

Nó	Preço da opção nos nós	Preço da opção no exercício antecipado	Valor correto da opção
A	R$ 21,93	R$ 18,08	R$ 21,93
B	R$ 14,64	R$ 9,90	R$ 14,64
C	R$ 5,45	R$ 2,66	R$ 5,45
D	R$ –	R$ –	R$ –
E	R$ –	R$ –	R$ –
F	R$ –	R$ 9,31	R$ 9,31
G	R$ 18,50	R$ 18,08	R$ 18,50
H	R$ 10,31	R$ 9,90	R$ 10,31
I	R$ –	R$ 2,66	R$ 2,66
J	R$ –	R$ –	R$ –
K	R$ –	R$ –	R$ –
L	R$ 14,64	R$ 14,22	R$ 14,64
M	R$ 5,45	R$ 6,38	R$ 6,38

continua

Nó	Preço da opção nos nós	Preço da opção no exercício antecipado	Valor correto da opção
N	R$ –	R$ 1,30	R$ 1,30
O	R$ –	R$ –	R$ –
P	R$ 10,31	R$ 10,36	R$ 10,36
Q	R$ –	R$ 3,77	R$ 3,77
R	R$ –	R$ 0,64	R$ 0,64
S	R$ 5,45	R$ 6,96	R$ 6,96
T	R$ –	R$ 2,16	R$ 2,16
U	R$ –	R$ 4,49	R$ 4,49

Repete-se todo o processo para os demais nós e chega-se à árvore binomial.

Verifica-se, no entanto, que o preço correto da opção hoje é $ 4,49.

O programa a seguir calcula o preço de exercício da opção, dados os dois preços anteriores, primeiramente o *up* e depois o *down*.

Calcular o valor da opção:

Teclas (inserção de dados)			Visor		Significado
f	P/R		00–	PRGM	entra no modo de programação
f	PRGM		00–	PRGM	limpa programas antigos
RCL	n	1/X	02–	22	calcula o Δt
g	$\sqrt{x}$		03 – 43	21	raiz do Δt
RCL	i		04 – 45	12	recupera volatilidade
100	÷	X	09 –	20	resultado de $\sigma\sqrt{\Delta t}$
g	e^x		10 – 43	22	resultado do valor de *u*
STO	1		11 – 44	1	armazena o valor de *u* no registro 1
1/X			12 –	22	valor de *d*
STO	2		13 – 44	2	armazena o valor de *d* no registro 2
RCL	PMT		14 – 45	14	recupera o valor de R_f
100	÷		18 –	10	resultado de $R_f/100$
RCL	n		19 – 45	11	recupera o prazo
1/X			20–	22	Δt
X			21–	20	resultado de $R_f \times \Delta t$
g	e^x		22 – 43	22	valor de *a*

continua

Teclas (inserção de dados)			Visor		Significado
STO	4		23 – 44	4	armazena o valor de a no registro 4
RCL	2	–	25–	30	valor de $a - d$
RCL	1		26 – 45	1	valor de n
RCL	2	–	28–	30	valor de $u - d$
÷			29–	10	valor de p
STO	3		30 – 44	3	armazena o valor de p no registro 3
1	X<>Y	–	33–	30	valor de q
RCL	FV	X	35–	20	valor de $q \times S_D$
RCL	3		36 – 45	3	recupera p
RCL	PV	X	38–	20	valor de $p \times S_u$
+			39–	40	valor de $(p \times S_u + q \times S_d)$
RCL	4	1/X	41–	22	valor de $e^{-R_f \times \Delta t}$
X			42–	20	preço da opção
f	P/R		0,00		sai do modo de programação

Para utilizar o programa do cálculo do preço da opção no nó, verificado no Quadro 17.1, tem-se:

Exemplo

Para os pontos K, I e G:

Teclas (inserção de dados)		Visor	Significado
f	REG	0,00	Limpa registradores
40	i	40,00	armazena volatilidade no i
12	n	12,00	armazena o prazo no n
10	PMT	10,00	armazena R_f no PMT
0	PV	0,00	valor do ativo up
0	FV	0,00	valor do ativo down
	R/S	0,00	preço da opção no ponto K
0	PV	0,00	valor do ativo up
5.45	FV	5,45	valor do ativo down
	R/S	2,66	valor da opção no ponto I
14.64	PV	14,64	valor do ativo up
21.93	FV	21,93	valor do ativo down
	R/S	18,08	**valor da opção no ponto G**
e assim sucessivamente			

Posteriormente, calcula-se o valor da opção na hipótese do exercício antecipado e compara-se para cada nó, tomando-se o maior dos valores.

Esse algoritmo deve ser repetido até que toda grade da árvore seja regredida até o momento zero, identificando o verdadeiro valor da opção, que no exemplo é 4,49.

17.2 Modelo de Black & Scholes

O modelo de Black & Scholes foi apresentado em 1973 por Fisher Black e Myron Scholes.[3] Propunham uma fórmula para o cálculo do valor teórico de opção de compra (*call*), exercida sobre um ativo que não paga nenhum dividendo e que é livremente negociado no mercado à vista, sendo seu preço determinado pela oferta e demanda, considerando um mercado eficiente.

O referido modelo de precificação baseia-se na premissa de que o preço da opção seja gerado por um processo aleatório no tempo, através de um processo estocástico.

Black & Scholes conceberam que o preço da ação não dá saltos, mas se move de um ponto a outro de forma contínua, incorporando todos os preços ao longo desse movimento.

A volatilidade do preço da ação é o parâmetro principal, podendo ser interpretada e calculada a partir de dados históricos.

A formulação do modelo de Black & Scholes partiu do pressuposto de que o preço da opção é uma função dos seguintes fatores:

> valor do ativo (S)
>
> valor do exercício (X)
>
> tempo a decorrer até o vencimento da opção (n)
>
> taxa de juros constante e livre de risco (R_f)
>
> volatilidade (σ)

O desafio do modelo era determinar a probabilidade da opção a ser exercida, pois com base nessa determinação seria possível calcular o retorno esperado para o ativo e, portanto, determinar o valor justo da opção.

Para resolver esse problema foi utilizada a distribuição de probabilidades, partindo do pressuposto de que a variação do preço dos ativos era lognormal e sua probabilidade

---

[3] BLACK, F.; SCHOLES, M. The princing of options and corporate liabilities. *Journal of Political Economy*, nº 81, 1973.

de ocorrência era avaliada com base em sua medida e seu desvio-padrão. Ao desvio-padrão associado a um ativo, chamaram de volatilidade.

As fórmulas de Black & Scholes para os preços de opções de compra e de venda europeia para ações que não pagam dividendos são:

$$CALL = S_0 \times N(d_1) + Xe^{-R_f \times n} \times N(d_2)$$
$$PUT = Xe^{-R_f \times n} \times N(-d_2) + S_0 N(-d_1)$$

onde

$$d_1 = \frac{\ln(S_0/X) + (R_f + \sigma^2/2) \times n}{\sigma\sqrt{n}}$$

$$d_2 = \frac{\ln(S_0/X) + (R_f + \sigma^2/2) \times n}{\sigma\sqrt{n}} = d_1 - \sigma\sqrt{n}$$

Onde:

> Função N(x): é a função de probabilidade cumulativa para uma variável padronizada normal
>
> S_o é o preço da ação
>
> X é o preço de exercício
>
> R_f é a taxa de juro livre de risco (expressa em capitalização contínua)
>
> n é o prazo até a data de expedição
>
> σ é a volatilidade do preço ação

17.2.1 Considerações sobre as fórmulas do modelo de Black & Scholes

Se o prazo da ação S_o sofrer uma alta muito significativa, uma opção de compra sobre esta mesma ação será, com certeza, exercida.

De fato, se S_o é muito grande, d_1 e d_2 também o serão e $N(d_1)$ e $N(d_2)$ tenderão a assumir um valor muito próximo de 1, dessa forma:

$$CALL = S_0 - Xe^{-R_f \times n}$$

Do mesmo modo, quando o preço da ação é muito grande, o preço de uma ação de venda europeia V_E aproxima-se de zero.

Exemplo

Considera-se o mesmo exemplo da árvore binomial. Seja uma ação com prazo de 5 meses, cujo preço é $ 50,00, com preço de exercício também de $ 50,00, taxa livre de risco de 10% a.a. e volatilidade de 40% a.a. Isso significa que:

$S_o = 50$ $X = 50$ $n = 5/12$
$\sigma = 0,4$ $R_f = 0,10$

Solução:

$$d_1 = \frac{\ln\left(\frac{50}{50}\right) + \left(0,10 + \frac{(0,4)^2}{2}\right) \times \frac{5}{12}}{0,4\sqrt{\frac{5}{12}}} = 0,29047375$$

$$d_1 = \frac{\ln\left(\frac{50}{50}\right) + \left(0,10 + \frac{(0,4)^2}{2}\right) \times \frac{5}{12}}{0,4\sqrt{\frac{5}{12}}} = 0,0322749$$

Outra consideração importante com referência ao modelo de Black & Scholes é quanto ao uso da distribuição normal no cálculo do preço da opção. Para este cálculo pode-se usar uma tabela estatística da distribuição normal[4] de probabilidade acumulada, que segue como anexo neste livro, ou pode-se utilizar a aproximação polinomial, que dá uma precisão numérica até a sexta casa decimal.

---

[4] HULL, John C. *Fundamentos dos mercados futuros e de opções*. 4. ed. São Paulo: Bolsa de Mercadorias & Futuros, 2005, p. 301.

Sua expressão é:

$$N(x) = 1 - N(x)(a_1 K + a_2 K^2 + a_3 K^3 + a_4 K^4 + a_5 K^5)$$

para $x \geq 0$ e $N(x) = 1 - N(x)$ para $x < 0$, onde $K = \dfrac{1}{1 + \wp x}$

$\wp$ =   0,2316419
a_1 =   0,319381530
a_2 = − 0,356563782
a_3 =   1,781477937
a_4 = − 1,821255978
a_5 =   1,330274429

e

$$N'(x) = \dfrac{1}{\sqrt{2\pi}} \times e^{\dfrac{-x^2}{2}}$$

Calculando o valor da distribuição normal para d_1 e d_2, tem-se:

Pela Tabela Normal (vide anexo):

$N(0,2905) = N(0,29) + 0,05\,[N(0,30) - N(0,29)]$

$N(0,2905) = 0,6141 + 0,05\,[0,6179 + 0,6141]$

A localização dos valores normais na tabela se dá pela linha e coluna correspondentes aos valores, por exemplo, 0,29 deve-se olhar na linha que contém 0,2 e na coluna 0,09 (pois, 0,29 = 0,20 + 0,09), encontrando o valor de 0,5478.

$N(0,2905) = 0,6141 + 0,05\,[0,004]$

$N(0,2905) = 0,6141 + 0,0002$

$N(0,2905) = 0,6143$

Pela aproximação Polinomial, com $x = 0,2905$

$$N'(0,2905) = \dfrac{1}{\sqrt{2\pi}} \times e^{\dfrac{-(0,2905)^2}{2}} =$$

lembrando que $\pi = 3,141592654$ =

$$N'(0,2905) = \dfrac{1}{\sqrt{2(3,141592654)}} \times e^{\dfrac{-(0,2905)^2}{2}} = 0,382459$$

Usando os coeficientes da aproximação binomial:

$$K = \frac{1}{1 = \wp x} \quad \text{e}$$

$N(0{,}2905) = 1 - N'(0{,}2905)(a_1K + a_2K^2 + a_3K^3 + a_4K^4 + a_5K^5)$

$N(0{,}2905) = 0{,}6143$ e $N(0{,}0{,}322749) = 0{,}51287$

Assim,

$CALL = 50 \times 0{,}6143 - 50e^{-0{,}10 \times \frac{5}{12}} \times 0{,}51287$

$CALL = 30{,}72 - 24{,}60 = 6{,}12$

$PUT = 50 \times e^{-0{,}10 \times \frac{5}{12}} \times (1 - 0{,}51287) - 50(1 - 0{,}6143)$

Lembrando que **N(x) = 1 – N(–x)**

$PUT = 47{,}96(0{,}48713) - 50(0{,}3857)$

$PUT = 23{,}36 - 19{,}29 = 4{,}08$

O valor da opção de compra europeia é 6,12 e da opção de venda europeia é 4,08.

17.2.2 Programa na HP 12C para modelo de Black & Scholes

Na HP 12C, pode-se usar o programa a seguir para calcular os parâmetros d_1 e d_2 do modelo de Black & Scholes.

Teclas (inserção de dados)				Visor	Significado
f	P/R			00– PRGM	entra no modo de programação
f	PRGM			00– PRGM	limpa programas antigos
RCL	PV			01– 45 13	valor de S_o
RCL	FV			02– 45 15	valor de X
÷	g	LN		04– 43 23	valor de $\ln(S_o/X)$
RCL	PMT			05– 45 14	valor de σ
2	y^x	2	÷	09– 10	valor de $\sigma^{2/2}$
RCL	i	+		11– 40	valor de $R_f + \sigma^2/2$
RCL	n			12– 45 11	valor de 1/n

continua

Teclas (inserção de dados)			Visor		Significado
X	+		14–	40	valor de $\left(R_f - \frac{\sigma}{2}\right)^{1/n}$
RCL	PMT		15– 45	14	valor de σ
RCL	n		16– 45	11	recupera valor de 1/n
g	$\sqrt{x}$		17– 43	21	valor de $\sqrt{1/n}$
X			18–	20	valor de $\sqrt{1/n}$
÷			19–	10	valor de d_1
STO	1		20– 44	1	armazena d_1 no registro 1
RCL	PV		21– 45	13	valor de S_o
RCL	FV		22– 45	15	valor de x
÷			23–	10	valor de $\left(S_o/X\right)$
g	LN		24– 43	23	valor de ln $\left(S_o/X\right)$
RCL	i		25– 45	12	valor de R_f
RCL	PMT		26– 45	14	valor de σ
2	y^x		28–	21	valor de σ^2
2	÷		30–	10	valor de $\sigma^2/2$
–			31–	30	valor de $\left(R_j - \frac{\sigma}{2}\right)^{1/n}$
RCL	n		32– 45	11	recupera valor de $\sqrt{1/n}$
	X	+	34–	40	valor de $\left(R_j - \frac{\sigma}{2}\right)^{1/n}$
RCL	PMT		35– 45	14	valor de σ 1/n
RCL	n		36– 45	11	recupera valor de
g	$\sqrt{x}$		37– 43	21	valor de $\sqrt{1/n}$
X	÷		39–	10	valor de $\sigma \sqrt{1/n}$
STO	2		40– 44	2	armazena d_2 no registro 2
RCL	1		41– 45	1	recupera d_1
f	P/R			0,00	sai do modo de programação

Para executar o programa anterior, devem-se seguir as seguintes instruções:

valor de S_o [PV]

valor de X [FV]

valor de $\dfrac{R_f}{100}$ [i]

valor de $\dfrac{\sigma}{100}$ [PMT]

prazo [n] **OBS:** Ajustar com período das taxas
[R/S] valor de d_1
[x⇄y] valor de d_2

Exemplo

Considere: $S_o = 50$; $X = 50$; $n = 5/12$; $\sigma = 40\%$ a.a. e $Rf = 10\%$ a.a.
Na HP 12C, tem-se:

Teclas (inserção de dados)			Visor	Significado
	F	REG	0,00	limpa registradores
50	PV		50,00	valor de S_o
50	FV		50,00	valor de X
0.40	PMT		0,40	volatilidade σ
0.10	i		0,10	valor de R_f
5	ENTER		5,00	prazo de vencimento
12	÷	n	0,41667	conversão do prazo mensal em anual
	R/S		0,290474	parâmetro d_1
	X<>Y		0,032275	parâmetro d_2

Para calcular o valor da distribuição normal aproximada, tem-se o programa a seguir. Ressalta-se que não foi feito um só programa por limitações da própria calculadora financeira HP 12C que, em sua versão anterior, apresenta apenas 99 linhas de programação, e que cada comando e/ou número corresponde a uma instrução de programação por linha.

Teclas (inserção de dados)			Visor		Significado
f	P/R		00- PRGM		entra no modo de programação
f	PRGM		00- PRGM		limpa programas antigos
STO	1		01 – 44	1	armazena no registro 1
0,2316	X		8	20	valor de σX
1	+		10	40	valor de $1 + \sigma X$
1/X			11	22	valor de $\dfrac{1}{1 + \wp x}$
STO	0		12 – 44	0	registra k no registrador 0
0,3194	X		19	20	valor de $a_1 K$
RCL	0	2	y^x	22 21	valor de K^2
0,3566	X	–		30 30	valor de $a_1 K - a_2 K^2$
RCL	0	3	y^x	33 21	valor de K^3
1,7815	X	+		41 40	valor de $a_1 K - a_2 K^2 - a_3 K^3$
RCL	0	4	y^x	44 21	valor de K^4
1,8213	X	–		52 30	valor de $a_1 K - a_2 K^2 - a_3 K^3 - a_4 K^4$
RCL	0	5	y^x	55 21	valor de K^5
1,3303	X	+		63 40	valor de $a_1 K - a_2 K^2 - a_3 K^3 - a_4 K^4 - a_5 K^5$
RCL	1	2	y^x	66 21	valor de x^2
2	÷	CHS		69 16	valor de $\dfrac{-x^2}{2}$
g	e^x			70 43 22	valor de $e^{\dfrac{-x^2}{2}}$
3,1416	ENTER	2	X	79 20	valor de 2π
g	$\sqrt{X}$	÷	X	82 20	Vlr. da aproximação polinomial normal
1	X<>Y	–		85 30	N (d)
f	P/R			0,00	sai do modo de programação

Para executar o programa acima, basta informar o valor do parâmetro d_1 ou d_2 (separadamente) e pressionar R/S

Exemplo

1. $d_1 = 0{,}290474$ R/S $= 0{,}614264 = N(d_1)$
2. $d_2 = 0{,}032275$ R/S $= 0{,}512878 = N(d_2)$
3. $0{,}290474$ CHS R/S $= 0{,}385755 = N(-d_1)$
4. $0{,}032275$ CHS R/S $= 0{,}487135 = N(-d_2)$

Para finalmente calcular o valor da opção de compra e venda europeia, tem-se:

Teclas (inserção de dados)					Visor		Significado
f	P/R				00-	PRGM	entra no modo de programação
f	PRGM				00-	PRGM	limpa programas antigos
RCL	PV				01- 45	13	recupera S_o
RCL	1				02- 45	1	recupera $N(d_1)$
X					03–	20	valor de $S_o \times N(d_1)$
RCL	i				04- 45	12	recupera $\frac{R_j}{100}$
RCL	n				05- 45	11	recupera $\frac{1}{n}$
X	CHS	g	e^x		08- 43	22	valor de $e^{-R_f \times \frac{1}{n}}$
RCL	2	x			10-	20	valor de $N(d_2) \times e^{-R_f \times \frac{1}{n}}$
RCL	FV				11- 45	15	recupera x
X	–				13-	30	valor de C_e
STO	5				14- 44	5	armazena C_e no registro 1
RCL	i				15- 45	12	recupera $\frac{R_j}{100}$
RCL	n				16- 45	11	$1/n$
X	CHS	g	e^x		19- 43	22	$e^{-R_f \times \frac{1}{n}}$
RCL	FV				20- 45	15	recupera o valor de x
X					21-	20	$X \times e^{-R_f \times \frac{1}{n}}$
RCL	2				22- 45	2	recupera $N(d_1)$
1	X<>Y	–			25-	30	valor de $1 - N(d_1)$
X					26-	20	valor de $X \times e^{\frac{-R_j}{n}} \times (1 - N(d_1))$
RCL	PV				27- 45	13	recupera S_o
RCL	1				28- 45	1	recupera $N(d_1)$
1	X<>Y	–	X	–	33-	30	valor de P_e
RCL	5				34- 45	5	recupera C_e
f	P/R				0,00		sai do modo de programação

Para executar o programa, basta proceder da seguinte maneira:

Teclas (inserção de dados)			Visor	Significado
	f	REG	0,00	limpa registros
50,00	PV		50,00	valor de S_o
50,00	FV		50,00	valor de X
0,10	i		0,10	valor de R_f
5	ENTER		5,00	prazo de vencimento
12	÷	n	0,41667	prazo de vencimento
0,614264	STO	1	0,614264	valor de $N(d_1)$
0,512878	STO	2	0,512878	valor de $N(d_2)$
	R/S		6,12	valor de CALL
	X<>Y		4,08	valor de PUT

17.3 Pagamento de dividendos

Até agora consideraram-se as opções sobre ações que não pagavam dividendos. Na prática, isso nem sempre ocorre. Suponha que se conheçam os dividendos pagos durante a vida da opção, o efeito do pagamento dos dividendos sobre a ação é a queda do valor da ação no mercado após a data em que ação se torna *ex-dividendos*. Para as opções, o efeito observado é uma redução no valor dos *calls* e um aumento no valor dos *puts*.

Para o cálculo do valor das opções, deve-se trazer a valor presente todos os dividendos previstos para a vida da opção, descontados desde a data em que a ação se torna ex-dividendo, até a data presente, utilizando capitalização contínua. Utiliza-se como taxa de juros a R_f.

Pode-se usar o modelo de Black & Scholes, considerando como S_o o valor descontado a valor presente de todos os dividendos previstos durante a vida da opção.

Exemplo

Considere uma opção de compra europeia sobre uma ação que pretende pagar $ 0,50 de dividendos em dois e cinco meses. O preço corrente da ação no mercado é $ 50,00, e o preço de exercício é $ 50,00, a volatilidade do preço à vista é de 40% a.a., a taxa de juros livre de risco é 10% a.a. e o tempo até o vencimento da opção é de 1 mês. Determine o valor da *call* e do *put*.

```
                        $ 0,50        $ 0,50              50
    0 | 1 | 2 | 3 | 4 | 5 ...      | 11 | 12 |
    40
```

$$PV = \frac{0,50}{e^{+0,10 \times \frac{2}{12}}} = 0,4917$$

$$PV = \frac{0,50}{e^{+0,10 \times \frac{5}{12}}} = 0,4796$$

Total dos Dividendos

$ 0,9713

$S_0 = 50 - 0,9713 = 49,03$ $X = 50$ $R_f = 0,10$ $\sigma = 0,40$ $n = \dfrac{1}{12}$

$$d_1 = \frac{\ln\left(\dfrac{49,03}{50}\right) + \left(0,09 + \dfrac{0,4^2}{2}\right) \times \dfrac{1}{12}}{0,4\sqrt{\dfrac{1}{12}}} = -0,03979$$

$$d_2 = \frac{\ln\left(\dfrac{49,03}{50}\right) + \left(0,09 + \dfrac{0,4^2}{2}\right) \times \dfrac{1}{12}}{0,4\sqrt{\dfrac{1}{12}}} = -0,15523$$

Usando a aproximação polinomial, tem-se:

$N(d_1) = N(-0,03976) = 0,48414$
$N(d_2) = N(-0,15523) = 0,43832$

$$\text{CALL} = 49{,}03 \times 0{,}48414 - 50e^{-0{,}10 \times \frac{1}{12}} \times 0{,}43832 = 2{,}00$$

$$\text{PUT} = 50e^{-0{,}10 \times \frac{1}{12}} \times (1 - 0{,}43832) - 49{,}03\,(1 - 0{,}48414) = 2{,}56$$

Pode-se ainda usar o programa anterior de precificação de opções para obter o valor da *call* e da *put*.

Teclas (inserção de dados)			Visor	Significado
	f	REG	0,00	limpa registros
49,03	PV		49,03	valor de S_o
50	FV		50,00	valor de X
0,10	i		0,10	valor de R_f
1	ENTER		1,00	prazo de vencimento
12	÷	n	0,08333	prazo de vencimento
0,48414	STO	1	0,48414	valor de $N(d_1)$
0,43832	STO	2	0,43832	valor de $N(d_2)$
	R/S		2,00	valor de CALL
	X<>Y		2,56	valor de PUT

17.3.1 Pagamento de dividendos a uma taxa y

Uma outra forma de rendimento dos dividendos é através de uma taxa y% constante durante a vida útil da opção (*dividend yield*). Para o cálculo do preço da opção, faz-se uma adaptação do modelo de Black & Scholes, substituindo-se S_o por $S_o e^{-yn}$, deixando suas expressões da seguinte maneira:

$$\text{CALL} = S_0 \times e^{-yn} \times N(d_1) - Xe^{-R_f \times n} \times N(d_2)$$

$$\text{PUT} = Xe^{-R_f \times n} \times N(-d_2) - S_0 \times e^{-yn} \times N(-d_1)$$

onde:

$$d_1 = \frac{\ln\left(\frac{S\sigma}{X}\right) + \left(R_f - y + \frac{\sigma^2}{2}\right) \times n}{\sigma\sqrt{n}}$$

$$d_2 = \frac{\ln\left(\frac{S\sigma}{X}\right) + \left(R_f - y - \frac{\sigma^2}{2}\right) \times n}{\sigma\sqrt{n}}$$

Exemplo

Considere uma opção de compra europeia sobre uma ação cujo preço de mercado é $ 49,00. São esperados dividendos de 1% constantes. O preço de exercício é $ 50,00. A volatilidade é de 40% a.a. e a taxa de juros livre de risco é 10% a.a. O vencimento da opção é daqui a 6 meses. Calcular o valor da opção de compra.

Solução:

$S_0 = 49,00 \quad X = 50,00 \quad R_f = 0,10 \quad \sigma = 0,40 \quad n = 0,5 \quad y = 0,01$

$$d_1 = \frac{\ln\left(\frac{49}{50}\right) + \left(0,10 - 0,01 + \frac{0,4^2}{2}\right) \times 0,05}{0,4\sqrt{0,5}} = -0,22909$$

$$d_2 = \frac{\ln\left(\frac{49}{50}\right) + \left(0,10 - 0,01 + \frac{0,4^2}{2}\right) \times 0,5}{0,4\sqrt{0,5}} = -0,05375$$

Pela aproximação polinomial:

$N(0,22909) = 0,590602$

$N(-0,05375) = 0,47857$

$$\text{CALL} = 49 \times e^{-0,01 \times 0,5} \times 0,590602 - 50 \times e^{-0,01 \times 0,5} \times 0,47857 = 6,03$$

$$\text{PUT} = 50 \times e^{-0,01 \times 0,5} \times (1 - 0,47857) - 49 \times e^{-0,01 \times 0,5} \times (1 - 0,590602)$$

$$\text{PUT} = 4,84$$

17.4 Opções sobre índices de ações

Para efetuar a precificação de opções de índices futuros, pode-se assumir que um índice pode ser tratado como um título que paga rendimento de dividendo conhecido.

Isso significa que as equações adaptadas para dividendos à taxa constante y, do modelo de Black & Scholes, podem ser utilizadas para apreçar opções europeias sobre índices.

Considera-se então S_0 igual ao valor do índice, σ é igual a volatilidade do índice e y é igual a taxa média anual de dividendos do índice durante a vida da opção.

Exemplo

Considere uma opção de compra europeia sobre o Ibovespa a dois meses do vencimento. O valor corrente do índice é 33.085 pontos, e no exercício de 33.500.

A taxa livre de risco é 6% a.a. e a volatilidade do índice é 20% a.a. Esperam-se dividendos de 0,2% e 0,3% no primeiro e no segundo mês respectivamente. Calcule o preço da opção.

Solução:

$$S_0 = 33085 \quad X = 33500 \quad R_f = 6\% \text{ a.a.} \quad \sigma = 20\% \text{ a.a.} \quad n = \frac{1}{12}$$

Dividendos $y = 0,2\% + 0,3\% = 0,5\%$; ou 3% a.a.

$$d_1 = \frac{\ln\left(\frac{33500}{33085}\right) + \left(0,06 - 0,03 + \frac{0,2^2}{2}\right) \times \frac{2}{12}}{0,2\sqrt{\frac{2}{12}}} = -0,05061$$

$$d_1 = \frac{\ln\left(\frac{33500}{33085}\right) + \left(0,06 - 0,03 + \frac{0,2^2}{2}\right) \times \frac{2}{12}}{0,2\sqrt{\frac{2}{12}}} = -0,132257$$

$N(-0,05061) = 0,479819$

$N(-0,132257) = 0,44739$

$$\text{CALL} = 33085 \times e^{-0,03 \times \frac{2}{12}} \times 0,479819 - 33500 \times e^{-0,06 \times \frac{2}{12}} \times 0,44739$$

$\text{CALL} = 957,19$

17.5 Programa completo na HP 12C *Platinum* e *Prestige* para o modelo de Black & Scholes

Conforme visto até aqui, os programas feitos na HP 12C tradicional comportam até 99 passos (comandos) inseridos. O cálculo do valor de uma opção foi feito desmembrando-se o cálculo dos parâmetros d_1 e d_2 em um programa, os respectivos valores da distribuição normal em outro programa e o cálculo do valor da opção em um terceiro programa devido à limitação de linhas de programação. Já as novas calculadoras financeiras HP 12C *Platinum* e *Prestige* comportam até 400 passos (comandos) de programação. O programa a seguir nada mais é do que a junção dos três programas para o cálculo direto do valor de uma opção do modelo de Black & Scholes, passível de programação apenas nestas novas calculadoras.

Teclas (inserção de dados)				Visor		Significado
f	P/R			000-	PRGM	entra no modo de programação
f	PRGM			000-	PRGM	limpa programas antigos
RCL	PV			001-	45 13	valor de S_o
RCL	FV			002-	45 15	valor de X
÷	g	LN		004-	43 23	valor de $\ln(S_o/X)$
RCL	PMT			005-	45 14	valor de σ^x
2	y^x	2	÷	009	10	valor de $\sigma^2/2$
RCL	i	+		011	40	valor de $R_f + \sigma^2/2$
RCL	n			012-	45 11	valor de 1/n
X	+			014	40	valor de $(R_f + \sigma^2/2)1/n$
RCL	PMT			015-	45 14	valor de σ
RCL	n			016-	45 11	valor de 1/n
g	$\sqrt{x}$			017-	43 21	valor de $\sqrt{1/n}$
X				018	20	valor de $\sigma\sqrt{1/n}$
÷				019	10	valor de d_1
STO	1			020-	44 1	armazena d_1 no registro 1
RCL	PV			021-	45 13	valor de S_o
RCL	FV			022-	45 15	valor de x
÷				023	10	valor de S_o/X
g	LN			024-	43 23	valor de $\ln S_o/X$
RCL	i			025-	45 12	valor de R_f
RCL	PMT			026-	45 14	valor de σ

continua

Teclas (inserção de dados)				Visor		Significado
2	y^x			028	21	valor de σ^2
2	$\div$			030	10	valor de $\sigma^2/2$
–				031	30	valor de $R_f - \sigma^2/2$
RCL	n	X	+	034	40	valor de $(R_f - \sigma^2/2)1/n$
RCL	PMT			035– 45 14		valor de σ
RCL	n			036– 45 11		valor de $1/n$
g	$\sqrt{x}$			037– 43 21		valor de $\sqrt{1/n}$
X				038	20	valor de $\sigma\sqrt{1/n}$
$\div$				039	10	valor de d_2
STO	2			040– 44 2		armazena d_2 no registro 2
RCL	1			041– 45 1		recupera d_1
0,2316	X			048	20	valor de σX
1	+			050	40	valor de $1 + \sigma X$
1/X				051	22	valor de $\dfrac{1}{1 + \wp x} = k$
STO	0			052 – 44 0		registra k no registrador 0
0,3194	X			059	20	valor de $a_1 K$
RCL	0	2	y^x	062	21	valor de K^2
0,3566	X	–		070	30	valor de $a_1 k - a_2 k^2$
RCL	0	3	y^x	073	21	valor de K^3
1,7815	X	+		081	40	valor de $a_1 K - a_2 K^2 - a_3 K^3$
RCL	0	4	y^x	084	21	valor de K^4
1,8213	X	–		092	30	valor de $a_1 K - a_2 K^2 - a_3 K^3 - a_4 K^4$
RCL	0	5	y^x	095-	21	valor de K^5
1,3303	X	+		103	40	valor de $a_1 K - a_2 K^2 - a_3 K^3 - a_4 K^4 - a_5 K^5$
RCL	1	2	y^x	106-	21	valor de x^2
2	$\div$	CHS		109-	16	valor de $\dfrac{-x^2}{2}$

continua

Teclas (inserção de dados)				Visor		Significado
g	e^x			110- 43	22	valor de $e^{\frac{-x^2}{2}}$
3,1416	ENTER	2	X	119-	20	valor de 2π
g	$\sqrt{x}$	÷	X	122-	20	valor da aproximação polinomial normal
1	X<>Y	−		125-	30	$N(d_1)$
	STO	3		126- 44	3	armazena valor de $N(d_1)$
	RCL	2		127- 45	2	recupera valor de d_2
0,2316	X			134-	20	valor de σX
1	+			136-	40	valor de $1 + \sigma X$
1/X				137-	22	valor de $\dfrac{1}{1 + \wp x} = k$
STO	9			138 − 44	9	registra k no registrador 0
0,3194	X			145-	20	valor de $a_1 K$
RCL	9	2	y^x	148-	21	valor de K^2
0,3566	X	−		156-	30	valor de $a_1 k - a_2 k^2$
RCL	9	3	y^x	159-	21	valor de K^3
1,7815	X	+		167-	40	valor de $a_1 K - a_2 K^2 - a_3 K^3$
RCL	9	4	y^x	170-	21	valor de K^4
1,8213	X	−		178-	30	valor de $a_1 K - a_2 K^2 - a_3 K^3 - a_4 K^4$
RCL	9	5	y^x	181-	21	valor de K^5
1,3303	X	+		189-	40	valor de $a_1 K - a_2 K^2 - a_3 K^3 - a_4 K^4 - a_5 K^5$
RCL	2	2	y^x	192-	21	valor de x^2
2	÷	CHS		195-	16	valor de $\frac{-x^2}{2}$
g	e^x			196- 43	22	valor de $e^{\frac{-x^2}{2}}$
3,1416	ENTER	2	X	205-	20	valor de 2π
g	$\sqrt{x}$	÷	X	208-	20	valor da aproximação polinomial normal
1	X<>Y	−		211-	30	$N(d_2)$

continua

Teclas (inserção de dados)				Visor		Significado
	STO	4		212- 44	4	armazena valor de $N(d_2)$
RCL	PV			213- 45	13	recupera S_o
RCL	3	X		215-	20	valor de $S_o \times N(d_1)$
RCL	i			216- 45	12	recupera $\frac{R_f}{100}$
RCL	n			217- 45	11	recupera $1/n$
X	CHS	g	e^x	220- 43	22	valor de $e^{-R_f \times \frac{1}{n}}$
RCL	4	X		222-	20	valor de $N(d_2) \times e^{-R_f \times \frac{1}{n}}$
RCL	FV			223- 45	15	recupera X
X	–			225-	30	valor de C_e
STO	5			226- 44	5	armazena C_e no registro 5
RCL	i			227- 45	12	recupera $\frac{R_f}{100}$
RCL	n			228- 45	11	$1/n$
X	CHS	g	e^x	231- 43	22	$e^{-R_f \times \frac{1}{n}}$
RCL	FV			232- 45	15	recupera o valor de x
X				233-	20	$X \times e^{-R_f \times \frac{1}{n}}$
RCL	4			234- 45	4	recupera $N(d_2)$
1	X<>Y	–		237-	30	valor de $1 - N(d_2)$
X				238-	20	valor de $X \times e^{\frac{R_f}{n} \times (1 - N(d1))}$
RCL	PV			239- 45	13	recupera S_o
RCL	3			240- 45	3	recupera $N(d_1)$
1	X<>Y	–		243-	30	valor de $1 - N(d_1)$
	X	–		245-	30	valor de P_E
STO	6			246- 44	6	armazena P_E no registro 6
RCL	5			247- 45	5	recupera C_E
f	P/R			0,00		sai do modo de programação

Para executar o programa anterior, devem-se seguir as seguintes instruções:

valor de S_o [PV]

valor de X [FV]

valor de $\dfrac{R_f}{100}$ [i]

valor de $\dfrac{\sigma}{100}$ [PMT]

prazo [ENTER] 12 ÷ [n]

[R/S] valor da *CALL*

[x≷y] valor da *PUT*

Exemplo

Considere: $S_o = 50$; $X = 50$; $n = 1$ mês; $\sigma = 40\%$ a.a. e Rf = 10% a.a.

Na HP 12C, tem-se:

Para finalmente calcular o valor da opção de compra e venda europeia, tem-se:
Para executar o programa, basta proceder da seguinte maneira:

Teclas (inserção de dados)			Visor	Significado
	f	REG	0,00	limpa registros
50,00	PV		50,00	valor de S_o
50,00	FV		50,00	valor de x
0,10	i		0,10	valor de R_f
12	1/X	n	0,08	prazo de vencimento
0,40	PMT		0,40	valor da volatilidade
	R/S		2,51	valor de *CALL*
	X<>Y		2,09	valor de *PUT*

Com este programa, poderá obter ainda:

Teclas (inserção de dados)			Visor	Significado
	RCL	1	0,1299	parâmetro d_1
	RCL	2	0,0144	parâmetro d_2
	RCL	3	0,5516	$N(d_1)$
	RCL	4	0,5058	$N(d_2)$

Exercícios propostos

1. Determine o preço de uma opção de compra europeia, sobre uma ação que não paga dividendos, cujo preço da ação é $ 60,00. O preço de exercício é $ 55,00, a taxa de juros livre de risco é 12% a.a, a volatilidade 40% a.a. e o prazo até a data de vencimento é de 3 meses.

2. Determine o preço de uma opção de venda europeia sobre uma ação que não paga dividendos, sabendo que o preço da ação é $ 100,00, o preço de exercício é de $ 80,00, a taxa livre de risco é 6% a.a. e a volatilidade é 40% a.a. com prazo de vencimento de 6 meses.

3. Considere uma opção de compra americana sobre uma ação cujo preço de mercado é $ 100,00, com prazo de vencimento em 8 meses. A taxa de juros livre de risco é de 10% a.a., o preço de exercício é $ 95,00 e a volatilidade é de 32% a.a. São esperados dividendos de $ 1,00 em 3 meses e em 6 meses. Calcule o preço da opção.

4. Calcule o preço de uma opção de compra de uma ação A cujo preço de mercado é $ 27,00. A data do vencimento desta opção é daqui a 20 dias, o preço do exercício é $ 25,80, a volatilidade é 2,20% a.d. e a taxa livre de risco é 0,10% a.d.. Considere que não há pagamento de dividendos.

5. Seja uma opção de compra americana sobre uma ação com vencimento em 3 meses, que não paga dividendos. Se o preço da ação é $ 40,00, o preço de exercício é também $ 40,00, a volatilidade é de 20% a.a. e a taxa livre de risco é 6% a.a., use uma árvore binomial de três passos para calcular o preço da opção.

6. Use uma árvore binomial de 4 passos para precificar uma opção de venda americana de 1 ano sobre uma ação que não paga dividendos cujo preço de exercício é de

$ 40,00. O preço corrente da ação é de $ 21,00, a taxa de juros livre de risco é de 10% a.a. e a volatilidade da ação é 40% a.a.

7. Calcule o valor de uma opção de compra de uma ação que paga 5% a.a. de dividendos, sabendo que o preço à vista é $ 100,00, o preço de exercício $ 110,00 o prazo é de 180 dias (base 360), a taxa de juros é de 10% a.a. e volatilidade é 40% a.a.

8. Uma opção de compra de uma ação cotada a R$ 100,00 tem preço de exercício de R$ 90,00. Considere que a volatilidade do preço da ação é de 30% ao ano, e a taxa de juros livre de risco é de 6% ao ano. Se o vencimento da opção se dá em 3 meses, qual deve ser o preço da opção? E se a opção fosse de venda, qual seria o seu preço?

Respostas dos exercícios

1) C_e = $ 8,58
2) V_e = $ 2,51
3) C_a = $ 15,00
4) C_e = $ 2,10
5) 2,03

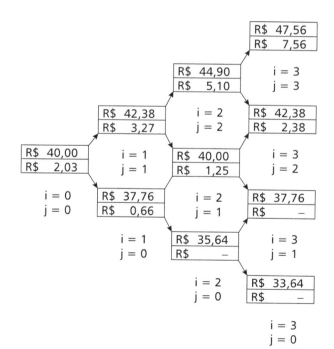

6) 1,06

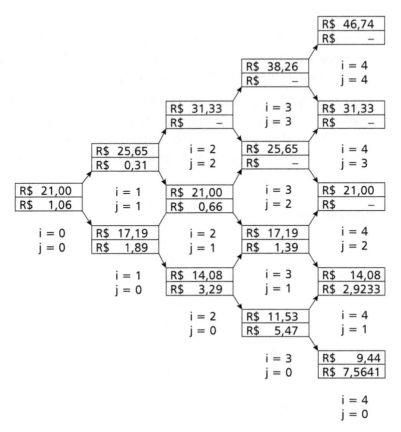

7) CALL = $ 8,20
8) $C_e = 13,03$ $V_e = 1,69$

18

MERCADO FUTURO

Objetivo do capítulo

Este capítulo demonstra as principais operações a Futuro, conforme realizadas no mercado financeiro nacional. São apresentados ainda programas de avaliação aplicados às operações a Futuro.

Em uma operação de mercado futuro, o investidor se compromete basicamente a comprar ou vender determinado ativo, em certa data futura, a um preço previamente fixado, por intermédio de uma bolsa.

Por exemplo, suponha que um investidor deseja comprar um certo lote de ação específica para entrega no futuro, apostando na alta do preço da ação. Por outro lado, outro investidor da mesma ação deseja vender este ativo para entregar também no futuro, acreditando na possibilidade de queda no preço do ativo, o que lhe permitirá realizar um lucro.

No mercado à vista ocorreria a negociação efetiva do bem. Nas operações a futuro, esse compromisso é formalizado em contrato, sendo liquidado em dinheiro, sem a entrega física do bem negociado, pagando-se ou recebendo-se a diferença entre o valor fixado de compra e o de venda.

Estes contratos são padronizados pela Bolsa de Mercadorias e Futuros em termos de quantidade de negociação, lote-padrão, data de vencimento e forma de cotação.

O titular do contrato no mercado futuro tem a obrigação de executar a ordem de compra ou de venda. Caso não tenha mais interesse em exercer seu direito ao final do prazo, poderá realizar a liquidação antecipada do contrato ou transferir a outro investidor.

Basicamente existem dois tipos de investidores no mercado futuro: os especuladores e os *hedgers*. Os especuladores são todos os investidores (pessoas físicas e jurídicas) que buscam resultados nas operações a futuro, basicamente compram e vendem contratos no prazo de um dia.

Sua presença é fundamental no mercado no sentido de atribuir liquidez às operações. Os *hedgers* são investidores que, por intermédio das operações de compra e venda, procuram eliminar o risco proveniente da volatilidade do mercado.

18.1 Preços no mercado futuro

Os preços no mercado futuro são diferentes (geralmente superiores) aos do mercado à vista, pela presença de custos operacionais de carregar determinada posição física até o vencimento, além do prêmio pela incerteza quanto ao comportamento dos preços no mercado. Pode-se expressar o preço futuro pela seguinte expressão:

$$FV_t = PV_t (1 + i)^n + CC \times n$$

Onde:

FV_t	= preço futuro no momento t;
y	= *convenience yield* – Benefício da posse de estoques;
PV^t	= preço à vista no momento t;
i	= taxa diária de juros;
n	= número de dias até o vencimento do contrato futuro;
CC	= *carrying charge* – custo de carregamento.

E ainda, o valor justo do ativo no vencimento pode ser obtido pela expressão:

$$FV_t = PV_t \times e^{(i-y-CC) \times 1}$$

18.2 Contrato futuro de juros

Os contratos futuros de taxas de juros são atualmente baseados nas taxas dos Depósitos Interfinanceiros (DI's), por isso sendo conhecidos por DI-futuro.

O ativo de negociação desses contratos são as taxas dos DI's, calculadas pela Central de Custódia e Liquidação Financeira de Títulos (CETIP). Os contratos são fixados pela BM&F em $ 100.000,00, sendo negociados em PU (preço unitário), onde cada PU vale $ 1,00.

O preço unitário (PU) de um contrato DI-futuro é obtido dividindo-se o valor do contrato pelo seu fator de rendimento, obtido pela taxa *over* média diária acumulada até a data de vencimento do contrato.

Exemplo

Programa na HP 12C: Encontre o PU de um contrato futuro de um mês com 22 dias úteis, negociado à taxa efetiva de 14,5% a.a.o. (ao ano *over*). Determine também o resultado da operação se a verdadeira taxa de juros verificada no período foi de 13,2% a.a.o.

Solução:

$$PU = \frac{100.000,00}{(1 + 0,145)^{22/252}} = \$\ 98.824,86 \text{ a pagar}$$

O investidor está aplicando $ 98.824,86 hoje, para receber após 22 dias úteis o valor de $ 100.000,00.

$$\text{Ajuste do preço: } 98.824,86\ (1 + 0,132)^{22/252} = 99.900,36$$

Ganho: $ 100.000,00 − 99.900,36 = **99,64**

O programa na HP 12C a seguir calcula o resultado para este tipo de operação:

Teclas (inserção de dados)				Visor		Significado
f	P/R			00−	PRGM	entra no modo de programação
f	PRGM			00−	PRGM	limpa programas antigos
RCL	i			01 − 45	12	recupera i
100	÷	1	+	07 −	40	valor de (1+i)
RCL	n			08 − 45	11	recupera prazo
252	÷			12 −	10	valor de n/252
y^x				13 −	21	fator de rendimento
RCL	FV			14 − 45	15	valor do contrato
X<>Y	÷			16 −	10	PU do contrato
RCL	PMT			17 − 45	14	recupera taxa final
100	÷	1	+	23 −	40	(1+i_{final})
RCL	n			24 − 45	11	recupera prazo
252	÷			28 −	10	valor de n/252
y^x				29 −	21	(1+i_{final})$^{n/252}$
X				30 −	20	ajuste do PV
RCL	FV			31 − 45	15	recupera valor do contrato
X<>Y	−			33 −	30	resultado da operação
f	P/R			0,00		sai do modo de programação

Para executar o programa, utilizando as informações de exemplo ilustrativo:

Teclas (inserção de dados)			Visor	Significado
	f	REG	00– prgm	limpa registradores
100000	FV		100.000	valor do contrato
14,5	i		14,50	taxa do contrato
13,2	PMT		13,20	taxa no vencimento
22	n		22,00	prazo até vencimento
	R/S		99,64	resultado da operação

Nesse exemplo, não foram levadas em consideração as tarifas de corretagem.

18.3 Contrato futuro do Índice Bovespa

A carteira teórica do Índice Bovespa é composta por ações de diferentes empresas que pagam dividendos durante o ano.

A fórmula de determinação do valor justo é também aplicada ao IBovespa, isso porque o Índice Bovespa adota uma metodologia que prevê o reinvestimento de dividendos.

Sempre que uma ação componente da carteira paga dividendos, o cálculo do índice ajusta o preço da ação na suposição de que os dividendos recebidos pelo acionista são reaplicados na compra das demais ações da carteira, fazendo com que o dividendo nunca saia da carteira.

Exemplo

Programa na HP 12C:

Suponha que o IBovespa tenha atingido durante o dia 68.100 pontos. A taxa de juros livre de risco é de 10% a.a. O prazo para vencimento do contrato é de 70 dias. Calcule o valor justo para o Índice Bovespa no vencimento.

$y = 0; \quad CC = 0; \quad i = 0,06$

$$FV_T = 68100 \times e^{(0,10 - 0 - 0)\frac{70}{365}} = 69.418,63$$

Ou seja, espera-se que daqui a 70 dias o Ibovespa esteja em 69.418,63 pontos. O programa a seguir calcula o preço justo na data futura.

Teclas (inserção de dados)			Visor		Significado
f	P/R		00–	PRGM	entra no modo de programação
f	PRGM		00–	PRGM	limpa programas antigos
RCL	i		01 – 45	12	recupera i
RCL	1	–	03 –	30	recupera y
RCL	2	–	05 –	30	recupera CC
RCL	n		06 – 45	11	recupera n
365	÷		10 –	10	valor de n/365
×			11 –	20	valor de (i – y – CC) × n/365
g	e^x		12 – 43	22	valor de $e^{(i-y-CC) \times n/365}$
RCL	PV	×	14 –	20	valor futuro
f	P/R		0,00		sai do modo de programação

Para executar o programa, tem-se:

	Teclas (inserção de dados)		Visor	Significado
	f	REG	0,00	limpa registros
68100	PV		68.100,00	valor do PV
0,10	i		0,10	valor de i
0	STO	1	0,00	valor de y no registro 1
0	STO	2	0,00	valor do CC no registro 2
70	n		70,00	prazo
	R/S		69.418,63	valor do Ibovespa Futuro

18.4 Contrato futuro da taxa de câmbio

Vigora do mesmo modo que o contrato futuro do IBovespa, fazendo-se a adaptação de não haver rendimento no contrato do câmbio e substituindo-se a variável de benefício de posse de estocagem pela taxa de juros livre de risco vigente no mercado americano.

Exemplo

Considere que a cotação da moeda americana esteja em $ 1,80 em determinado dia e compre um contrato futuro da taxa de câmbio com vencimento para 80 dias. Admitida uma taxa de juros de 10% a.a. e como taxa de juros livre de risco americana de 0,5% a.a.

Solução:

$$FV = 1{,}80 \times e^{(0{,}10 - 0{,}005 - 0) \times \frac{80}{365}} = 1{,}84$$

Utilizando-se o programa da HP 12C, tem-se:

Teclas (inserção de dados)			Visor	Significado
	f	REG	0,00	limpa registros
1,80	PV		1,80	valor do PV
0,10	i		0,10	valor da taxa de juros americana
0,0005	STO	1	0,0005	valor de y no registro 1
80	n		80,00	prazo
	R/S		1,84	preço justo

Exercícios propostos

1. Sejam dois contratos futuros de juros negociados na BM&F, cujo valor no vencimento é fixado em $ 100.000,00. Calcule a taxa efetiva anual de juros (base 252 dias úteis) prevista em cada contrato.

Contrato	Mês de Referência	PV Médio Negociado	Dias Úteis
1	março	$ 98.349,72	23
2	abril	$ 96.663,83	20

2. Suponha que um banco esteja projetando uma taxa de juros efetiva anual de 12,5% a.a.o. (base de 252 dias úteis), para o mês de agosto, que tem 23 dias úteis. Dessa forma, ao aplicar seus recursos em um contrato futuro de juros, seu rendimento deve ser superior à taxa de 12,5% a.a.o. prevista. Admitindo que o banco realize um negócio à taxa de 13,25% a.a.o, calcule o PU do contrato, isto é, quanto estaria disposto a pagar para receber $ 100.000,00 no vencimento do contrato.

3. Considere um contrato futuro de juros negociado na BM&F à taxa de 15% a.a.o. O prazo do contrato no mês de referência é de 20 dias úteis e seu valor a receber no vencimento é padronizado pela BM&F em $ 100.000,00. Determine o PU do contrato futuro, isto é, o preço unitário que um investidor pagaria hoje para receber $ 100.000,00 em seu vencimento.

4. Seja um contrato futuro de juros, cujo valor médio de negociação (PU médio) é de $ 98.565,42. O contrato refere-se a um mês que apresenta 22 dias úteis. Pede-se calcular a taxa anual efetiva de juros estabelecida no contrato (base de 252 dias úteis).

Respostas dos exercícios

1) março: 20% a.a.o./abril: 24,34% a.a.o.
2) PV = $ 98.870,78
3) PV = $ 98.896,91
4) 18% a.a.o.

19

AVALIAÇÃO DA PERFORMANCE DE INVESTIMENTOS

Objetivo do capítulo

O capítulo estuda modelos de avaliação mais sofisticados de carteiras de investimentos, como o modelo CAPM e diversos índices de desempenho de portfólio. Destaque é dado aos programas desenvolvidos para a HP 12C.

O propósito de avaliar a performance de uma carteira de investimentos é saber se o retorno obtido está de acordo com o nível de risco assumido.

Um dos aspectos mais relevantes do desenvolvimento recente da teoria de Finanças é o modelo de precificação de ativos de capital-CAPM,[1] um modelo derivado da teoria de carteiras que fornece uma solução para saber como devem estar relacionados os componentes básicos de uma avaliação de ativos: **risco** e **retorno**.

19.1 A reta do mercado de capitais – *Capital Market Line* (CML)

A reta do mercado de capitais permite que se relacione, dentro do modelo de precificação de ativos, o comportamento de um título com relação à carteira de mercado, procurando descrever como as ações se movem mediante as alterações verificadas no mercado como um todo.

---

[1] O desenvolvimento da teoria a ser exposta nesse capítulo é atribuído a diversos autores. No entanto, é necessário citar os pioneiros e relevantes trabalhos publicados por: SHARPE, William F. Capital assets prices: a theory of market equilibrium under conditions of risk. *Journal of Finance*, Sept. 1964; MARKOWITZ, Harry. *Portfolio selection*. New York: John Willey & Sons, 1959; LINTNER, J. The valuation of risks assets: the selection of risks investments in stock portfolios and capital budgets. *Review of Economics and Statistics*, Feb. 1965; MOSSIN, J. Equilibrium in a capital asset market. *Econometrica*, Oct. 1966.

Sua equação é:
$$K_j = R_f + \sigma_p \left(\frac{R_m - R_f}{\sigma_m} \right)$$

que fornece a taxa esperada de retorno de qualquer carteira eficiente como sendo uma taxa livre de risco mais um prêmio pelo risco.

19.2 A reta do mercado de títulos – Security Market Line (SML)

A reta do mercado de títulos – *security market line* relaciona os retornos desejados e seus respectivos indicadores de risco, definidos pelo coeficiente beta.

Em comparação com a reta do mercado de capitais, ambas são essencialmente a mesma coisa, diferenciando-se no risco dos ativos avaliados com o mercado. A CML deve ser utilizada preferencialmente para estudar o risco e retorno de ativos eficientes, identificados de forma direta com a carteira de mercado, cujos ativos possuem somente risco sistemático.

A SML deve ser aplicada na avaliação da relação risco/retorno de todos os ativos, mesmo com aqueles que não se relacionam perfeitamente com a carteira de mercado.

19.3 Índice de Sharpe

A partir do entendimento da reta do mercado de capitais é que se determina o índice de Sharpe, que é uma medida da relação **risco × retorno**.

Sua expressão é:
$$IS = \frac{R_m - R_f}{\sigma_{Rm}}$$

onde:

R_m	é o retorno da carteira constituída de ativos com risco
σ_{Rm}	é o risco medido pelo desvio-padrão da carteira de mercado
R_f	é a taxa de juros livre de risco

O índice de Sharpe (IS) revela o prêmio oferecido por um ativo para cada percentual adicional de risco assumido.

19.4 Índice de Treynor

O índice de Treynor (IT) relaciona o prêmio pelo risco pago de uma carteira, medido pelo retorno em excesso ao de um ativo livre de risco, com o beta da carteira.

Sua expressão de cálculo é:
$$IT = \frac{R_p - R_f}{\beta}$$

A diferença entre o IT e o IS está no fato de que o IT relaciona o prêmio pelo risco ($R_p - R_f$) unicamente com o risco sistemático (coeficiente beta), enquanto IS usa o desvio-padrão que fornece o risco total, que é a soma do risco sistemático com o diversificável.

Quanto mais alto for o IT, maior será o retorno da carteira, indicando melhor desempenho do investimento em relação ao risco.

O programa na HP 12C a seguir ilustra o cálculo destes indicadores de performance de investimento:

Teclas (inserção de dados)			Visor		Significado
f	P/R		00–	PRGM	entra no modo de programação
f	PRGM		00–	PRGM	limpa programas antigos
STO	4		01 – 44	4	armazena valor no registro 4
R↓			02 –	33	roda pilha operacional
STO	5		03 – 44	5	armazena valor no registro 5
R↓			04 –	33	roda pilha operacional
STO	6		05 – 44	6	armazena valor no registro 6
RCL	1	–	07 –	30	recupera o valor do registro 1
STO	7		08 – 44	7	armazena valor no registro 7
RCL	5	÷	10 –	10	efetua a divisão
R/S			11 –	31	pausa – obtém (IT)
RCL	7		12 – 45	7	recupera registro 7
RCL	4	÷	14 –	10	efetua divisão
R/S			15 –	31	pausa – obtém (IS)
RCL	2		16 – 45	2	recupera registro 2
RCL	1	–	18 –	30	recupera registro 1
STO	8		19 – 44	8	armazena valor no registro 8
RCL	5	×	21 –	20	efetua multiplicação
RCL	1	+	23 –	40	efetua adição
R/S			24 –	31	pausa – retorno pela SML
RCL	8		25 – 45	8	recupera valor
RCL	3	÷	27 –	10	efetua divisão
RCL	4	×	29 –	20	efetua multiplicação
RCL	1	+	31 –	40	retorno pela CML
f	P/R			0,00	sai do modo de programação

Aplicação do programa

Para executar o programa, considere o seguinte exemplo:

Sejam dois investimentos A e B, com as seguintes informações:

Investimento	Retorno	Risco	Beta
A	14%	18%	1,02
B	18%	30%	1,30
IBOVESPA	13%	19%	1,00

Admita ainda uma taxa livre de risco de 6% a.a. Calcule o retorno pela CML e pela SML, além dos índices de Treynor e Sharpe.

Teclas (inserção de dados)			Visor	Significado
	f	REG	0,00	limpa registros
6	STO	1	6,00	armazena R_f no registro 1
13	STO	2	13,00	armazena R_m registro 2
19	STO	3	19,00	armazena σ_{Rm} no registro 3

Para o investimento A:

Teclas (inserção de dados)		Visor	Significado
14	ENTER	14,00	retorno investimento A
1.02	ENTER	1,02	beta do investimento A
18	R/S	7,84	índice de Treynor
	R/S	0,44	índice de Sharpe
	R/S	13,14	retorno pela SML
	R/S	12,63	retorno pela CML

Para o investimento B:

Teclas (inserção de dados)		Visor	Significado
18	ENTER	18,00	retorno investimento B
1.3	ENTER	1,30	beta do investimento B
30	R/S	9,23	índice de Treynor
	R/S	0,40	índice de Sharpe
	R/S	15,10	retorno pela SML
	R/S	17,05	retorno pela CML

Exercícios propostos

1. Considere os ativos A, B e C, cujos retornos, riscos e betas são dados a seguir:

Ativo	Retorno	Risco	Beta
A	22%	14%	1,70
B	20%	10%	1,10
C	18%	9%	0,90

Admitindo o retorno da carteira de mercado em 18%, risco de 10% e a taxa de juro do ativo livre de risco em 7%, calcule o retorno pela CML, pela SML e pelos índices de Treynor e Sharpe.

2. Admita 2 fundos de investimento com os seguintes indicadores para um determinado período:

Fundo	Retorno	Risco	Beta
A	11,2%	13,7%	1,10
B	15,8%	26,2%	1,90

Admitindo para carteira de mercado um retorno de 12%, risco de 24,9% e taxa de juros livre de risco de 8%, calcule o retorno pela CML, pela SML, e pelos índices de Treynor e Sharpe.

Respostas dos exercícios

1)

Ativo	Retorno CML	Retorno SML	Treynor	Sharpe
A	22,40%	25,70%	8,82	1,07
B	18,00%	19,10%	11,82	1,30
C	16,90%	16,90%	12,22	1,22

2)

Ativo	Retorno CML	Retorno SML	Treynor	Sharpe
A	10,20%	12,40%	2,91%	0,23
B	12,21%	15,60%	4,11%	0,30

20

ANÁLISE TÉCNICA NO MERCADO DE CAPITAIS

Objetivo do capítulo

Serão abordadas algumas ferramentas de análise utilizadas no mercado de capitais para análise de compra e venda de ações, que são passíveis de programação na HP 12C.

20.1 Médias móveis

As médias móveis têm como principal objetivo a indicação ou reversão das tendências, ou seja, são um rastreador, sendo possíveis grandes movimentos destas para efeito de análise a curto, médio ou longo prazo.

Isso se deve ao fato de que, estando a média baseada em valores passados, até esses novos valores constarem e preencherem os valores daqueles que estão saindo, leva-se um certo tempo.

Dessa mesma maneira, numa tendência de baixa, o processo tende a se repetir, mas com valores menores, pois somente após passado um certo período é que a média oscilará no sentido da tendência. Assim sendo, numa tendência de alta, a média móvel caminha por baixo dos preços, já que para calcular a média de cada dia faz-se a somatória anterior por um valor mais alto (o fechamento do dia) e subtraem-se dela valores mais baixos (o fechamento de dias anteriores).

Ao contrário do que foi dito, numa tendência de baixa, a média caminhará por cima dos preços. Uma consideração importante a fazer em relação às médias é que elas caminham tão mais abaixo dos preços e tão mais quanto maior for o seu número de dias, no caso de uma tendência de alta, e tão mais acima dos preços quanto for o seu número de dias, no caso de uma tendência de baixa.

Por isso, destaca-se nas médias a inércia que estas contêm, enfatizando o meio pelo qual elas demoram em acompanhar a tendência dos preços das ações. Na Tabela 20.1 é possível visualizar o cálculo da média móvel:

Tabela 20.1 Simulação de cálculo da média móvel

Fechamento	5 dias	8 dias	13 dias	21 dias
51,00	x	x	x	x
52,00	x	x	x	x
52,90	x	x	x	x
53,50	x	x	x	x
53,00	52,48	x	x	x
52,00	52,68	x	x	x
52,30	52,74	x	x	x
51,50	52,46	52,28	x	x
53,00	52,36	52,53	x	x
53,35	52,43	52,69	x	x
54,00	52,83	52,83	x	x
53,00	52,97	52,77	x	x
52,20	53,11	52,67	52,60	x
52,50	53,01	52,73	52,71	x
50,50	52,44	52,51	52,60	x
49,99	51,64	52,32	52,37	x
49,80	51,00	51,92	52,09	x
50,50	50,66	51,56	51,90	x
50,00	50,16	51,06	51,74	x
48,15	49,69	50,46	51,42	x
49,70	49,63	50,14	51,28	51,66
48,49	49,37	49,64	50,94	51,54
46,85	48,64	49,19	50,44	51,30
47,30	48,10	48,85	49,92	51,03
46,85	47,84	48,48	49,45	50,71
46,00	47,10	47,92	48,97	50,38
44,70	46,34	47,26	48,37	50,03
44,64	45,90	46,82	47,92	49,67

Exemplo

Considere as cotações de fechamento mensais da PETR4 (Petrobras), nos meses de setembro de 2005 a abril de 2006. Pode-se estabelecer o uso de médias móveis para projetar-se uma tendência dos preços da ação no mercado:

Data	Fechamento
09/2005	34,67
10/2005	31,33
11/2005	33,31
12/2005	36,19
01/2006	46,34
02/2006	44,12
03/2006	42,53
04/2006	46,23

Tomando o passo da média móvel igual a 3, tem-se:

Data	Fechamento
09/2005	34,67
10/2005	31,33
11/2005	33,31
12/2005	36,19
01/2006	46,34
02/2006	44,12
03/2006	42,53
04/2006	46,23
Previsão 05/2006	$\dfrac{44,12 + 42,53 + 46,23}{3} = 44,29$
Previsão 06/2006	$\dfrac{42,53 + 46,23 + 44,29}{3} = 44,35$
Previsão 07/2006	$\dfrac{46,23 + 44,29 + 44,35}{3} = 44,96$

O programa a seguir faz o cálculo da média móvel para 3 (MA(3)) valores:

Teclas (inserção de dados)				Visor	Significado
f	P/R			00- PRGM	entra no modo de programação
f	PRGM			00- PRGM	limpa programas antigos
RCL	1			01- 45 1	recupera valor do registro 1
RCL	2			02- 45 2	recupera valor do registro 2
STO	1			03- 44 1	armazena valor no registro 1
+				04- 40	operação de adição
RCL	3			05- 45 3	recupera valor do registro 3
STO	2			06- 44 2	armazena valor no registro 2
+				07- 40	operação de adição
RCL	0			08- 45 0	recupera valor do registro 0
÷				09- 10	operação de divisão
STO	3			10- 44 3	armazena valor no registro 3
R/S				11- 31	pausa na execução
g	GTO	0	1	12- 43.33 01	volta para a linha 01
f	P/R				sai do modo de programação

Para testar o programa anterior, suponha que se pretenda fazer a previsão via médias móveis MA(3) do comportamento futuro dos preços da ação da PETR4, conforme exemplo anterior.

Com base nos últimos 3 valores das cotações, tem-se:

Data	Fechamento
02/2006	44,12
03/2006	42,53
04/2006	46,23
Previsão 05/2006	$\dfrac{44,12 + 42,53 + 46,23}{3} = 44,29$
Previsão 06/2006	$\dfrac{42,53 + 46,23 + 44,29}{3} = 44,35$
Previsão 07/2006	$\dfrac{46,23 + 44,29 + 44,35}{3} = 44,96$

Utilizando o programa anterior:

Teclas (inserção de dados)			Visor	Significado
	f	REG	0,00	limpa registradores
3	STO	0	3,00	parâmetro da média móvel MA(3)
44.12	STO	1	44,12	primeira das 3 últimas cotações
42.53	STO	2	42,53	segunda das 3 últimas cotações
46.23	STO	3	46,23	última das 3 cotações
	R/S		44,29	previsão para o primeiro mês
	R/S		44,35	previsão para o segundo mês
	R/S		44,96	previsão para o terceiro mês

20.2 Índice de força relativa

O Índice de Força Relativa ou IFR representa um tipo de indicador oscilador em relação à análise em si. Este, por sua vez, mede a aceleração de um movimento e dá suas indicações à medida que o movimento diminui a velocidade, sendo que, para esse mudar de direção, é preciso haver a desaceleração do mesmo.

Assim, para efeito de análise, o IFR baseia-se em períodos, sendo que, na média de períodos, o mais utilizado é o de 14 dias, obtendo-se uma melhor interpretação dos dados a fim de englobar tanto movimentos de curto, médio e longo prazo.

Diante desses movimentos, podem-se sugerir a formação e a análise do IFR com outros períodos, onde o investidor poderá optar em calcular o IFR de uma determinada ação em períodos de 5, 9, 14, 21 e 28 dias.

Utilizado para definir o melhor momento de compra ou venda do ativo, o IFR trabalha de acordo com uma escala que varia de 0 a 100, em relação ao tempo ou período, mantendo-se parâmetros de 20 e 80, conforme considerações práticas do mercado.

Assim, quando o IFR fica abaixo da escala de 20, significa que aquele determinado ativo está sendo excessivamente vendido, indicando uma tendência de baixa. Porém, ao mesmo tempo, devido à queda nos preços do ativo, inicia-se um processo de compra do mesmo por parte dos investidores com o intuito de comprar na baixa e vender na alta. Com isso, IFR daquela ação começa a ganhar força novamente, tendendo a subir.

O mesmo acontece quando o IFR está acima da escala 80, significando que o valor daquela respectiva ação está acima do valor real, fazendo com que o índice comece a perder força.

Dessa maneira, os investidores que compraram aqueles ativos na baixa começam a vendê-los a fim de auferir resultados e lucros positivos.

Estando a oferta maior que a procura, aquela tendência de alta do preço da ação se inverte, fazendo com que o IFR se mova para baixo.

$$IFR = 100 - \frac{100}{1 + RM}$$

onde:

RM = MA/MB, sendo as variáveis:

IFRn = índice de força relativa de n dias
RM = relação entre as médias
MA = média de alta
MB = média de baixa

Tabela 20.2 Simulação de cálculo do índice de força relativa

A	B	C	D	E	F	G
Fechamento	Subiu	Caiu	Média Altas	Média Baixas	MA/MB	IFR(5)
43,60						
43,41	–	0,19				
42,80	–	0,61				
43,15	0,35	–				
42,80	–	0,35				
42,62	–	0,18	0,07	0,27	0,26	20,83
43,79	1,17	–	0,30	0,23	1,33	57,14
43,81	0,02	–	0,31	0,11	2,91	74,40
43,60	–	0,21	0,24	0,15	1,61	61,66
44,24	0,64	–	0,37	0,08	4,69	82,43
42,30	–	1,94	0,37	0,43	0,85	45,98
42,35	0,05	–	0,14	0,43	0,33	24,83
43,65	1,30	–	0,40	0,43	0,93	48,07

Dessa maneira, na fórmula do IFR, observa-se uma média que é composta pela divisão da média das oscilações de alta do período pela média das oscilações de baixa do período, estando ambas situadas em relação ao preço de fechamento do ativo.

Ou seja, serão separados os valores dos dias em que o preço da ação fechou em baixa e aqueles dos dias em que a ação fechou em alta, sempre comparando-os com o dia anterior como forma de verificação.

Obtendo-se os valores das baixas e das altas separadamente, calcula-se a média aritmética de cada um deles. Após esse cálculo é efetuada a divisão da alta pela baixa, auferindo o IFR.

20.2.1 Programa para cálculo do índice de força relativa

Teclas (inserção de dados)				Visor	Significado
f	P/R			00- PRGM	entra no modo de programação
f	PRGM			00- PRGM	limpa programas antigos
STO	7			01- 44 7	armazena 1º valor no registro 7
STO	9			02- 44 9	armazena cópia no registro
X<>Y				03- 34	inverte valores
STO	8			04- 44 8	armazena 2º valor no registro 8
g	x≤y			05- 43 34	testa e obtém menor valor
g	GTO	2	0	06- 43.33 20	desvia cálculo para linha 20
X<>Y				07- 34	inverte valores
-				08- 30	faz diferença entre valores
STO	+	3		09- 44 40 3	inicia somatório das altas dos preços
1	STO	+	2	11- 44 40 2	quantidade de preços informada
5	RCL	2	-	14- 30	teste final de valores
g	X = 0			15- 43 35	verifica término do *loop*
g	GTO	3	2	16- 43.33 32	*loop* para cálculo do índice
RCL	9	R/S		18- 31	recupera último valor informado
g	GTO	0	1	19- 43.33 01	mudança *loop* cálculo
-				20- 30	início do cálculo do somatório das baixas
STO	+	1		21- 44 40 1	armazena valor no registro 1
1	STO	+	2	23- 44 40 2	quantidade de preços informados
5	RCL	2	-	26- 30	teste final de valor
g	X = 0			27- 43 35	testa término do *loop*
g	GTO	3	2	28- 43.33 32	*loop* para cálculo do índice

continua

Teclas (inserção de dados)				Visor		Significado
RCL	9	R/S		30-	31	recupera último valor informado
g	GTO	0	1	31- 43.33 01		mudança *loop* cálculo
RCL	1	5	÷	34-	10	média das baixas
RCL	3	5	÷	37-	10	média das altas
÷				38-	10	média altas dividido pela média das baixas
1	+			40-	40	valor 1 + $\dfrac{\text{altas}}{\text{baixas}}$
100	X<>Y	÷		45-	10	valor $\dfrac{100}{1 + \dfrac{\text{altas}}{\text{baixas}}}$
100	X<>Y	–		50-	30	Índice de Força Relativa (IFR)
f	P/R			0,00		sai do modo de programação

O programa anterior calcula o índice de força relativa para um período de 5 dias, conforme pode ser observado no teste final de valor das linhas de programação 14, 26, 34 e 37.

Caso seja de interesse calcular o índice de força relativa para quaisquer outros períodos, basta substituir os valores nas linhas 14, 26, 34 e 37, o número 5 pelo período que deverá ser calculado. Por exemplo: caso o período do índice de força relativa seja 14 dias, os comandos das linhas 14 e 26 deverão ser:

14 RCL 2 –

Para executar o programa anterior e determinar o IFR para 5 dias, é preciso considerar as 6 últimas cotações:

Teclas (inserção de dados)			Visor	Significado
	f	REG	0,00	limpa registradores
43.81	ENTER		43,81	1ª cotação
43.60	R/S		43,60	2ª cotação
44.24	R/S		44,24	3ª cotação
42.30	R/S		42,30	4ª cotação
42.35	R/S		42,35	5ª cotação
43.65	R/S		48,0676	IFR

20.3 Estocástico

O estocástico é um indicador com características osciladoras, que sofrem influência da oscilação dos preços dos títulos, ou seja, ele compara como os preços de um determinado ativo fecharam em relação a uma oscilação de preços do mesmo num certo período de tempo.

Dessa forma, numa tendência ou movimento de alta, os preços tendem a fechar próximos à máxima do dia; e, ao contrário, num movimento de baixa, os preços de fechamento posicionam-se na mínima do dia.

Nesse sentido, quando uma tendência perde força e tende a inverter, os preços de fechamentos de ambos os movimentos fecham longe dos preços máximos e mínimos do dia, de acordo com a tendência.

Assim, o estocástico baseia-se na observação de que, enquanto os preços sobem, os fechamentos tendem a se aproximar da máxima do dia, e em tendência de baixa esses preços tendem a se aproximar da cotação mínima do dia, mostrando as condições mínimas de reversão de um movimento.

O estocástico varia numa escala de 0 a 100 e, ao primeiro indício de os preços fecharem longe da máxima ou mínima de uma faixa de períodos, verifica-se que a tendência vigente está para mudar.

O cálculo do mesmo, para 5 dias, é auferido através da fórmula a seguir:

$$\%K = 100 \times \left[\frac{\text{fech} - \text{min 5}}{\text{max 5} - \text{min 5}} \right]$$

onde:

K = estocástico

fech = cotação de fechamento na data analisada

min5 = cotação mínima dos últimos 5 dias

max5 = cotação máxima nos últimos 5 dias

$$\%D = 100 \times \left[\frac{\text{Média\_3ult\_fech} - \text{Média\_3ult\_min5}}{\text{Média\_3ult\_max5} - \text{Média\_3ult\_min5}} \right]$$

Para exemplificar o cálculo dos indicadores estocásticos acima, considere as cotações da PETR4.

Data	Fechamento	Abertura	Minimo	Maximo	%K	Mínimo 5 dias	Máximo 5 dias	%D
03/07/2006	43,60	43,00	42,45	43,89				
04/07/2006	43,41	43,60	43,15	43,90				
05/07/2006	42,80	42,80	42,11	43,23				
06/07/2006	43,15	43,10	42,85	43,40				
07/07/2006	42,80	43,45	42,52	43,45	38,54749	42,11	43,90	
10/07/2006	42,62	42,82	42,22	42,95	28,49162	42,11	43,90	
11/07/2006	43,79	42,60	42,20	43,87	95,45455	42,11	43,87	53,93258
12/07/2006	43,81	43,75	43,65	44,34	75,23364	42,20	44,34	66,78383
13/07/2006	43,60	43,50	43,20	43,80	65,42056	42,20	44,34	77,64901
14/07/2006	44,24	43,77	43,70	44,32	95,3271	42,20	44,34	78,66044
17/07/2006	42,30	43,94	42,15	44,29	6,849315	42,15	44,34	55,48686
18/07/2006	42,35	42,62	41,30	43,09	34,53947	41,30	44,34	43,96201
19/07/2006	43,65	42,50	42,11	43,65	77,81457	41,30	44,32	43,0303
20/07/2006	42,35	43,72	42,35	44,13	34,76821	41,30	44,32	49,00881
21/07/2006	42,00	42,62	41,90	42,90	23,41137	41,30	44,29	45,40421
24/07/2006	43,57	42,55	42,00	43,72	80,21201	41,30	44,13	45,47511
25/07/2006	44,00	43,50	43,11	44,15	93,33333	41,90	44,15	62,82528

Por exemplo: para o dia 07/07/2006, tem-se:

$$\%K = 100 \times \left[\frac{42{,}8 - \min5\{42{,}45;\ 43{,}15;\ 42{,}11;\ 42{,}85;\ 42{,}52\}}{\max5\{43{,}89;43{,}90;43{,}23;43{,}40;43{,}45\} - \min5\{42{,}45;43{,}15;42{,}11;42{,}85;42{,}52\}} \right]$$

$$\%K = 100 \times \left[\frac{42{,}80 - 42{,}11}{43{,}90 - 42{,}11} \right] = 38{,}54749$$

Para o cálculo do %D para o dia 11/07/2006, tem-se:

$$\text{Média\_3ult\_fech} = \frac{42{,}80 + 42{,}62 + 43{,}79}{3} = 43{,}07$$

$$\text{Media\_3ult\_min5} = \frac{42{,}11 + 43{,}11 + 42{,}11}{3} = 42{,}11$$

$$\text{Media\_3ult\_max5} = \frac{43{,}90 + 43{,}90 + 43{,}87}{3} = 43{,}89$$

$$\%D = 100 \times \left[\frac{\text{Média\_3ult\_fech} - \text{Média\_3ult\_min5}}{\text{Média\_3ult\_max5} - \text{Média\_3ult\_min5}} \right]$$

$$\%D = 100 \times \left[\frac{43{,}07 - 42{,}11}{43{,}89 - 42{,}11} \right] = 53{,}93258$$

Este indicador apresenta duas bandas de referência: supervenda (0% a 20%) e supercompra de (80% a 100%).

20.3.1 Programa para cálculo do indicador estocástico %K

Teclas (inserção de dados)			Visor		Significado
f	P/R		0,00– prgm		entra no modo de programação
f	PRGM		0,00– prgm		limpa programas antigos
RCL	0		01– 45	0	recupera registro zero
RCL	1		02– 45	1	recupera registro 1
–			03–	30	subtrai os valores
RCL	2		04– 45	2	recupera registro 2
RCL	1	–	06–	30	subtrai valor mínimo do máximo
÷			07–	10	divisão
100	X		11–	20	multiplica por 100
f	P/R		0,00		sai do modo de programação

Para utilizar o programa armazenado acima, tem-se, para o dia 07/07/2006:

Teclas (inserção de dados)			Visor	Significado
	f	REG	0,00	limpa registradores
42.80	STO	0	42,80	cotação de fechamento
42.11	STO	1	42,11	mínimo dos mínimos dos últimos 5 dias
43.90	STO	2	43,90	máximo dos máximos dos últimos 5 dias
	R/S		38,54749	indicador estocástico %K

Para o cálculo do item %D, tem-se o seguinte programa, no qual devem ser informadas as três últimas cotações de fechamento, mínima e máxima.

20.3.2 Programa para cálculo do indicador estocástico %D

Teclas (inserção de dados)				Visor		Significado
f	P/R			00– PRGM		entra no modo de programação
f	PRGM			00– PRGM		limpa programas antigos
$\Sigma +$	R/S			02–	31	armazena 1ª cotação fechamento
$\Sigma +$	R/S			04–	31	armazena 2ª cotação fechamento
$\Sigma +$				05–	49	armazena 3ª cotação fechamento
g	$\bar{X}$			06– 43	0	cálculo da média de fechamento
STO	7			07– 44	7	armazena média de fechamento
f	SST	R/S		09–	31	limpa registros estatísticos e parada
$\Sigma +$	R/S			11–	31	armazena 1ª cotação mínima
$\Sigma +$	R/S			13–	31	armazena 2ª cotação mínima
$\Sigma +$				14–	49	armazena 3ª cotação mínima
g	$\bar{X}$			15– 43	0	cálculo da média dos valores mínimos
STO	8			16– 44	8	armazena média dos valores mínimos
f	SST	R/S		18–	31	limpa registros estatísticos e parada
$\Sigma +$	R/S			20–	31	armazena 1ª cotação máxima

continua

Teclas (inserção de dados)				Visor		Significado
Σ+	R/S			22–	31	armazena 2ª cotação máxima
Σ+				23–	49	armazena 3ª cotação máxima
g	$\bar{X}$			24– 43	0	cálculo da média dos vlrs. máximos
STO	9			25– 44	9	armazena média dos vlr. máximos
RCL	7			26– 45	7	recupera média fechamento
RCL	8	–		28–	30	diferença méd. fechamento e mínima
RCL	9	RCL	8	31–	30	diferença méd. máxima e mínima
÷	100	x		36–	20	multiplica por 100
f	P/R				0,00	sai do modo de programação

Para utilizar o programa armazenado acima, tem-se, para o dia 11/07/2006:

Teclas (inserção de dados)			Visor	Significado
	f	REG	0,00	limpa registradores
42.80	R/S		1,00	1ª cotação de fechamento
42.62	R/S		2,00	2ª cotação de fechamento
43.79	R/S		0,00	3ª cotação de fechamento
42.11	R/S		1,00	1ª cotação mínima
42.11	R/S		2,00	2ª cotação mínima
42.11	R/S		0,00	3ª cotação mínima
43.90	R/S		1,00	1ª cotação máxima
43.90	R/S		2,00	2ª cotação máxima
43.87	R/S		53,93258	índice estocástico %D

20.4 Momento

O momento é um tipo de indicador oscilador, sensível à variação de preços, que representa a velocidade com que um ativo sobe ou desce no mercado, ou seja, num processo de tendência de alta ou baixa. Após um determinado período de tempo, a oscilação do ativo começa a sofrer uma força contrária à tendência, podendo ser a liquidação das posições dos investidores num processo de alta, ou a compra do ativo no processo de baixa pelos mesmos.

Assim, seu cálculo é efetuado obtendo-se a diferença entre preços separados por um intervalo de tempo determinado. Dessa maneira quando o momento é positivo, pois este varia positivamente e negativamente, recomenda-se que o investidor compre os títulos, e que quando o mesmo indicador for negativo, incentiva-se a venda das opções decorrentes.

Com isso, indica-se a compra ou a venda quando o mercado está absorvendo ou perdendo aquele determinado momento.

Objetivando-se o processo de informação de compra ou venda de um ativo baseado neste indicador, o ideal seria o investidor comprar os títulos quando o momento chegasse ao seu mínimo possível e vender no máximo. Para ter certeza do momento certo de efetuar uma posição de venda ou compra, pois nunca se sabe quando o máximo e o mínimo ocorrerão, o ponto zero da escala do gráfico de momento é capaz de satisfazer as indicações quando este for rompido positiva ou negativamente.

Sua fórmula é composta da seguinte maneira:

$$\text{MOMENTO} \times \text{N.DIAS} = \text{PF (d)} - \text{PF (d} - \text{x)}$$

onde:

PF = Preço de fechamento
d = dia corrente
x = número de dias decorridos

Tabela 20.3 Simulação de cálculo do Momento

Dia	Preço	Momento (7 dias)
12/07/06	43,81	
13/07/06	43,60	
14/07/06	44,24	
17/07/06	42,30	
18/07/06	42,35	
19/07/06	43,65	
20/07/06	42,35	– 1,46
21/07/06	42,00	– 1,60
24/07/06	43,57	– 0,67
25/07/06	44,00	1,70

Na Tabela 20.3, foi possível observar a forma com que o indicador momento é calculado, sendo auferido por uma simples operação de subtração entre o dia corrente do pregão, ou seja, o dia atual, com o último dia do período de apuração do índice escolhido.

Sendo assim, ao estipular que hoje seja o dia 10 de um determinado mês e o período de dias escolhido para cálculo seja de 7 dias, o cálculo do indicador será a subtração do preço de fechamento de um determinado ativo no dia 10 com o do dia 3 passado.

Exercícios propostos

1. Considere as cotações de fechamento de uma ação corrente na Bolsa de Valores de São Paulo descritas a seguir. Utilizando o programa de cálculo do índice de força relativa, calcule este indicador para o dia D5.

Data	Fechamento
D0	77,50
D1	78,49
D2	73,00
D3	73,25
D4	74,29
D5	73,00

2. Para as cotações de fechamento, mínimo e máximo de uma ação, utilize o programa para calcular o indicador estocástico %K e %D para o dia D7.

Data	Fechamento	Mínimo	Máximo
D1	4,67	4,62	4,70
D2	4,60	4,57	4,68
D3	4,66	4,60	4,69
D4	4,66	4,62	4,70
D5	4,60	4,57	4,69
D6	4,56	4,53	4,62
D7	4,57	4,54	4,65

3. Sejam as cotações de fechamento, mínimo e máximo de uma ação, utilize o programa para calcular o indicador estocástico %K, %D e o IFR para o dia D7.

Data	Fechamento	Mínimo	Máximo
D1	64,95	64,95	66,75
D2	64,18	64,18	65,50
D3	66,25	64,95	66,29
D4	64,05	64,05	67,05
D5	62,50	62,10	64,80
D6	60,80	60,80	63,00
D7	61,21	60,11	61,90

Respostas dos exercícios

1) IFR = 25,17
2) % K = 23,53%; %D = 21,28
3) FR = 31,27; % K= 15,85; %D = 8,27

ANEXOS

Tabela para N(x), quando x<=0

	0	0,01	0,02	0,03	0,04	0,05	0,06	0,07	0,08	0,09
0	0,5000	0,4960	0,4920	0,4880	0,4840	0,4801	0,4761	0,4721	0,4681	0,4641
−0,1	0,4602	0,4562	0,4522	0,4483	0,4443	0,4404	0,4364	0,4325	0,4286	0,4247
−0,2	0,4207	0,4168	0,4129	0,4090	0,4052	0,4013	0,3974	0,3936	0,3897	0,3859
−0,3	0,3821	0,3783	0,3745	0,3707	0,3669	0,3632	0,3594	0,3557	0,3520	0,3483
−0,4	0,3446	0,3409	0,3372	0,3336	0,3300	0,3264	0,3228	0,3192	0,3156	0,3121
−0,5	0,3085	0,3050	0,3015	0,2981	0,2946	0,2912	0,2877	0,2843	0,2810	0,2776
−0,6	0,2743	0,2709	0,2676	0,2643	0,2611	0,2578	0,2546	0,2514	0,2483	0,2451
−0,7	0,2420	0,2389	0,2358	0,2327	0,2296	0,2266	0,2236	0,2206	0,2177	0,2148
−0,8	0,2119	0,2090	0,2061	0,2033	0,2005	0,1977	0,1949	0,1922	0,1894	0,1867
−0,9	0,1841	0,1814	0,1788	0,1762	0,1736	0,1711	0,1685	0,1660	0,1635	0,1611
−1,0	0,1587	0,1562	0,1539	0,1515	0,1492	0,1469	0,1446	0,1423	0,1401	0,1379
−1,1	0,1357	0,1335	0,1314	0,1292	0,1271	0,1251	0,1230	0,1210	0,1190	0,1170
−1,2	0,1151	0,1131	0,1112	0,1093	0,1075	0,1056	0,1038	0,1020	0,1003	0,0985
−1,3	0,0968	0,0951	0,0934	0,0918	0,0901	0,0885	0,0869	0,0853	0,0838	0,0823
−1,4	0,0808	0,0793	0,0778	0,0764	0,0749	0,0735	0,0721	0,0708	0,0694	0,0681
−1,5	0,0668	0,0655	0,0643	0,0630	0,0618	0,0606	0,0594	0,0582	0,0571	0,0559
−1,6	0,0548	0,0537	0,0526	0,0516	0,0505	0,0495	0,0485	0,0475	0,0465	0,0455
−1,7	0,0446	0,0436	0,0427	0,0418	0,0409	0,0401	0,0392	0,0384	0,0375	0,0367

continua

	0	0,01	0,02	0,03	0,04	0,05	0,06	0,07	0,08	0,09
−1,8	0,0359	0,0351	0,0344	0,0336	0,0329	0,0322	0,0314	0,0307	0,0301	0,0294
−1,9	0,0287	0,0281	0,0274	0,0268	0,0262	0,0256	0,0250	0,0244	0,0239	0,0233
−2,0	0,0228	0,0222	0,0217	0,0212	0,0207	0,0202	0,0197	0,0192	0,0188	0,0183
−2,1	0,0179	0,0174	0,0170	0,0166	0,0162	0,0158	0,0154	0,0150	0,0146	0,0143
−2,2	0,0139	0,0136	0,0132	0,0129	0,0125	0,0122	0,0119	0,0116	0,0113	0,0110
−2,3	0,0107	0,0104	0,0102	0,0099	0,0096	0,0094	0,0091	0,0089	0,0087	0,0084
−2,4	0,0082	0,0080	0,0078	0,0075	0,0073	0,0071	0,0069	0,0068	0,0066	0,0064
−2,5	0,0062	0,0060	0,0059	0,0057	0,0055	0,0054	0,0052	0,0051	0,0049	0,0048
−2,6	0,0047	0,0045	0,0044	0,0043	0,0041	0,0040	0,0039	0,0038	0,0037	0,0036
−2,7	0,0035	0,0034	0,0033	0,0032	0,0031	0,0030	0,0029	0,0028	0,0027	0,0026
−2,8	0,0026	0,0025	0,0024	0,0023	0,0023	0,0022	0,0021	0,0021	0,0020	0,0019
−2,9	0,0019	0,0018	0,0018	0,0017	0,0016	0,0016	0,0015	0,0015	0,0014	0,0014
−3,0	0,0013	0,0013	0,0013	0,0012	0,0012	0,0011	0,0011	0,0011	0,0010	0,0010
−3,1	0,0010	0,0009	0,0009	0,0009	0,0008	0,0008	0,0008	0,0008	0,0007	0,0007
−3,2	0,0007	0,0007	0,0006	0,0006	0,0006	0,0006	0,0006	0,0005	0,0005	0,0005
−3,3	0,0005	0,0005	0,0005	0,0004	0,0004	0,0004	0,0004	0,0004	0,0004	0,0003
−3,4	0,0003	0,0003	0,0003	0,0003	0,0003	0,0003	0,0003	0,0003	0,0003	0,0002
−3,5	0,0002	0,0002	0,0002	0,0002	0,0002	0,0002	0,0002	0,0002	0,0002	0,0002
−3,6	0,0002	0,0002	0,0001	0,0001	0,0001	0,0001	0,0001	0,0001	0,0001	0,0001
−3,7	0,0001	0,0001	0,0001	0,0001	0,0001	0,0001	0,0001	0,0001	0,0001	0,0001
−3,8	0,0001	0,0001	0,0001	0,0001	0,0001	0,0001	0,0001	0,0001	0,0001	0,0001
−3,9	0,0000	0,0000	0,0000	0,0000	0,0000	0,0000	0,0000	0,0000	0,0000	0,0000
−4,0	0,0000	0,0000	0,0000	0,0000	0,0000	0,0000	0,0000	0,0000	0,0000	0,0000

Tabela para N(x), quando x>=0

	0	0,01	0,02	0,03	0,04	0,05	0,06	0,07	0,08	0,09
0	0,5000	0,5040	0,5080	0,5120	0,5160	0,5199	0,5239	0,5279	0,5319	0,5359
0,1	0,5398	0,5438	0,5478	0,5517	0,5557	0,5596	0,5636	0,5675	0,5714	0,5753
0,2	0,5793	0,5832	0,5871	0,5910	0,5948	0,5987	0,6026	0,6064	0,6103	0,6141
0,3	0,6179	0,6217	0,6255	0,6293	0,6331	0,6368	0,6406	0,6443	0,6480	0,6517
0,4	0,6554	0,6591	0,6628	0,6664	0,6700	0,6736	0,6772	0,6808	0,6844	0,6879
0,5	0,6915	0,6950	0,6985	0,7019	0,7054	0,7088	0,7123	0,7157	0,7190	0,7224
0,6	0,7257	0,7291	0,7324	0,7357	0,7389	0,7422	0,7454	0,7486	0,7517	0,7549
0,7	0,7580	0,7611	0,7642	0,7673	0,7704	0,7734	0,7764	0,7794	0,7823	0,7852
0,8	0,7881	0,7910	0,7939	0,7967	0,7995	0,8023	0,8051	0,8078	0,8106	0,8133
0,9	0,8159	0,8186	0,8212	0,8238	0,8264	0,8289	0,8315	0,8340	0,8365	0,8389
1,0	0,8413	0,8438	0,8461	0,8485	0,8508	0,8531	0,8554	0,8577	0,8599	0,8621
1,1	0,8643	0,8665	0,8686	0,8708	0,8729	0,8749	0,8770	0,8790	0,8810	0,8830
1,2	0,8849	0,8869	0,8888	0,8907	0,8925	0,8944	0,8962	0,8980	0,8997	0,9015
1,3	0,9032	0,9049	0,9066	0,9082	0,9099	0,9115	0,9131	0,9147	0,9162	0,9177
1,4	0,9192	0,9207	0,9222	0,9236	0,9251	0,9265	0,9279	0,9292	0,9306	0,9319
1,5	0,9332	0,9345	0,9357	0,9370	0,9382	0,9394	0,9406	0,9418	0,9429	0,9441
1,6	0,9452	0,9463	0,9474	0,9484	0,9495	0,9505	0,9515	0,9525	0,9535	0,9545
1,7	0,9554	0,9564	0,9573	0,9582	0,9591	0,9599	0,9608	0,9616	0,9625	0,9633
1,8	0,9641	0,9649	0,9656	0,9664	0,9671	0,9678	0,9686	0,9693	0,9699	0,9706
1,9	0,9713	0,9719	0,9726	0,9732	0,9738	0,9744	0,9750	0,9756	0,9761	0,9767
2,0	0,9772	0,9778	0,9783	0,9788	0,9793	0,9798	0,9803	0,9808	0,9812	0,9817
2,1	0,9821	0,9826	0,9830	0,9834	0,9838	0,9842	0,9846	0,9850	0,9854	0,9857
2,2	0,9861	0,9864	0,9868	0,9871	0,9875	0,9878	0,9881	0,9884	0,9887	0,9890
2,3	0,9893	0,9896	0,9898	0,9901	0,9904	0,9906	0,9909	0,9911	0,9913	0,9916
2,4	0,9918	0,9920	0,9922	0,9925	0,9927	0,9929	0,9931	0,9932	0,9934	0,9936
2,5	0,9938	0,9940	0,9941	0,9943	0,9945	0,9946	0,9948	0,9949	0,9951	0,9952
2,6	0,9953	0,9955	0,9956	0,9957	0,9959	0,9960	0,9961	0,9962	0,9963	0,9964
2,7	0,9965	0,9966	0,9967	0,9968	0,9969	0,9970	0,9971	0,9972	0,9973	0,9974
2,8	0,9974	0,9975	0,9976	0,9977	0,9977	0,9978	0,9979	0,9979	0,9980	0,9981
2,9	0,9981	0,9982	0,9982	0,9983	0,9984	0,9984	0,9985	0,9985	0,9986	0,9986

continua

3,0	0,9987	0,9987	0,9987	0,9988	0,9988	0,9989	0,9989	0,9989	0,9990	0,9990
3,1	0,9990	0,9991	0,9991	0,9991	0,9992	0,9992	0,9992	0,9992	0,9993	0,9993
3,2	0,9993	0,9993	0,9994	0,9994	0,9994	0,9994	0,9994	0,9995	0,9995	0,9995
3,3	0,9995	0,9995	0,9995	0,9996	0,9996	0,9996	0,9996	0,9996	0,9996	0,9997
3,4	0,9997	0,9997	0,9997	0,9997	0,9997	0,9997	0,9997	0,9997	0,9997	0,9998
3,5	0,9998	0,9998	0,9998	0,9998	0,9998	0,9998	0,9998	0,9998	0,9998	0,9998
3,6	0,9998	0,9998	0,9999	0,9999	0,9999	0,9999	0,9999	0,9999	0,9999	0,9999
3,7	0,9999	0,9999	0,9999	0,9999	0,9999	0,9999	0,9999	0,9999	0,9999	0,9999
3,8	0,9999	0,9999	0,9999	0,9999	0,9999	0,9999	0,9999	0,9999	0,9999	0,9999
3,9	1,0000	1,0000	1,0000	1,0000	1,0000	1,0000	1,0000	1,0000	1,0000	1,0000
4,0	1,0000	1,0000	1,0000	1,0000	1,0000	1,0000	1,0000	1,0000	1,0000	1,0000

BIBLIOGRAFIA

ASSAF NETO, Alexandre. *Matemática financeira e suas aplicações*. 14. ed. São Paulo: Atlas, 2019.

ASSAF NETO, Alexandre. *Mercado financeiro*. 14. ed. São Paulo: Atlas, 2018.

ASSAF NETO, Alexandre; LIMA, Fabiano Guasti. *Investimentos em ações*: guia teórico e prático para investidores. Ribeirão Preto: Inside Books, 2008.

BAUMAN, W. Scott; KOMARYNSKY, Jaroslaw; GYTRE, John C. Siska. *Investment securities program guide using HP – 12C*. New York: McGraw Hill, 1987.

BODIE, Zvi; KANE, Alex; MARCUS, Alan J. *Fundamentos de investimentos*. 3. ed. Porto Alegre: Bookman, 2000.

HEWLETT-PACKARD HP 12C. *Manual do proprietário e guia para solução de problemas*. Hewlett Packard Co., 1981.

HP 12C – *Owner's handbook and problem-solving guide*. Hewlett Packard Co.

HULL, John C. *Fundamentos dos mercados futuros e de opções*. 4. ed. São Paulo: BM&F Brasil, 2005.

LEVINE, David M.; BERENSON, Mark L.; STEPHAN, David. *Estatística*: teoria e aplicações. Rio de Janeiro: LTC, 2000.

TRIOLA, Mario F. *Introdução à estatística*. 9. ed. Rio de Janeiro: LTC, 2005.

WILMOTT, Paul. *Derivatives*. John Wiley, 1998.